新丝路世界人文经典

诗人时代

阿多尼斯论诗歌美学

[叙利亚] 阿多尼斯 著

邹兰芳 译

外语教学与研究出版社

北京

京权图字：01-2023-2002

图书在版编目（CIP）数据

诗人时代 ：阿多尼斯论诗歌美学 /（叙利亚）阿多尼斯著 ；邹兰芳译．--北京 ：外语教学与研究出版社，2023.5（2023.11 重印）
（新丝路世界人文经典）
ISBN 978-7-5213-4538-4

Ⅰ．①诗… Ⅱ．①阿… ②邹… Ⅲ．①诗歌美学－诗歌研究－阿拉伯半岛地区 Ⅳ．①I371.072

中国国家版本馆 CIP 数据核字（2023）第 110253 号

出 版 人　王　芳
项目策划　彭冬林　徐晓丹
项目统筹　徐晓丹
责任编辑　于　辉
责任校对　杨　光
封面设计　郭　莹　水长流文化
版式设计　孙莉明
出版发行　外语教学与研究出版社
社　　址　北京市西三环北路 19 号（100089）
网　　址　https://www.fltrp.com
印　　刷　三河市紫恒印装有限公司
开　　本　650×980　1/16
印　　张　20
版　　次　2023 年 6 月第 1 版　2023 年 11 月第 2 次印刷
书　　号　ISBN 978-7-5213-4538-4
定　　价　49.00 元

如有图书采购需求，图书内容或印刷装订等问题，侵权、盗版书籍等线索，请拨打以下电话或关注官方服务号：
客服电话：400 898 7008
官方服务号：微信搜索并关注公众号“外研社官方服务号”
外研社购书网址：https://fltrp.tmall.com

物料号：345380001

出版说明

2013年9月和10月，习近平主席在访问哈萨克斯坦和印度尼西亚时，先后提出共建“丝绸之路经济带”和“21世纪海上丝绸之路”（即“一带一路”倡议）。“一带一路”倡议，继承和弘扬了“团结互信、平等互利、包容互鉴、合作共赢，不同种族、不同信仰、不同文化背景的国家完全可以共享和平，共同发展”的丝路精神，倡导沿线各国之间实现互联互通，促进相互间的经贸合作与人文交流。特别是习主席关于“构建人类命运共同体”的理念和主张乃人心所向，众望所归，不仅得到了国际社会的高度响应，写进了联合国大会决议，而且也是中华民族站在新的历史起点上对人类和平发展的智慧贡献。

“国之交在于民相亲，民相亲在于心相通。”在推进“一带一路”建设、促进各国互联互通、构建人类命运共同体的进程中，民心相通是基础。实现民心相通的前提和最直接有效的手段，是通过阅读了解彼此的文化，克服文化偏见，增进文化理解，促进相互信任，加深人民友谊。不言而喻，文化理解是实现民心相通的基础和前提。

“一带一路”沿线国家，大多为文明古国，在历史上创造了形态各异、风格不同的灿烂文化，是人类文明宝库的重要组成部分。但毋庸讳言，这些国家大多数是发展中国家，又多为中小国家，他们的母语或官方语言大多是“非通用语种”。囿于译者和阅读人数较少，过去我们对这些国家的人文经典著作的译介和研究远远不够。“一带一路”倡议提出以来，我国已经与“一带一路”沿线多个国家开展了政府间人文经典互译项目的合作，其中中国与俄罗斯、阿拉伯国家、阿尔巴尼亚、葡萄牙、以色列、斯里兰卡等多个国家和地区的经典互译工作已经产生了丰硕成果。但总体来说，目前的译介还不能满足今天读者对“一带一路”国家人文经典阅读日益增长的需求。为此，我们组织翻译出版这套“新丝路世界人文经典”丛书，其目的就是重点翻译介绍“一带一路”沿线国家的哲学思想、文学艺术等领域的经典作品，以期填补空白，为我国读者了解这些国家的文化打开一扇窗户。

这套丛书有以下几个特点：（1）所涉猎的学科、领域和题材丰富，涵盖哲学、思想、历史、文学、文化等，便于对对象国文化有较为全面的了解；（2）以挖掘“新”作为重心，不求面面俱到，对于已经在国内有比较好的译本的名著，不重复翻译；（3）这套丛书是开放式的，随着认识和研究的不断深入，我们会及时补入新篇目；（4）力求从原著的语言直接翻译，避免因其他外语转译而减损对原著的理解。

我们深知，此项工作并非易事。很多语种译者资源非常有限，甚至不过寥寥数人。限于学识和经验，我们对“一带一路”国家的人文经典梳理不足，或许挂一漏万。但我们相信有广大专家学者的鼎力支持，一定能够有所建树，为促进文明互鉴与文化交流贡献绵薄之力。

“文明因交流而多彩，文明因互鉴而丰富”。我们期盼，这套丛书的翻译出版将有助于我国读者通过对这些国家人文经典的阅读，更多了解“一带一路”沿线国家的人文传统和民族特质，促进民心沟通，夯实“一带一路”建设的民意基础。

外语教学与研究出版社

2023 年 4 月

序

思想就像玫瑰的芳香从诗中散发

与阿多尼斯先生结缘可追溯到2009年11月12日那个雪后初霁的下午。那天，第二届“中坤国际诗歌奖”颁奖典礼在北三环“老故事”典仪厅举行。阿翁作为第一位获得中国国际诗歌大奖的阿拉伯诗人，亲临现场领奖并做了精彩的受奖词。演讲中洋溢的对创作自由的渴望和诗人永葆青春的激情，如同室外的深秋暖阳，温暖、感染了包括我在内的所有出席者。

之后的十年间，阿翁几乎每年都像“省亲”一样，来到中国，与中国诗人、评论家、翻译家和广大青年诗歌爱好者欢聚一堂，进行演讲、对话，主宾双方如节庆般度过一年中美好的“诗歌季”。数次接触下来，阿翁给我的印象是，台上睿智、凝重，台下和蔼可亲、幽默率真，诗人用儿童的新奇感知世界，用青春的芳华爱恋世界，用老者的稳健审视世界。让人不由得对这位耄耋老人肃然起敬。

一

阿多尼斯，这只搏击长空的“大马士革之鹰”，在长达半个多世纪的诗歌创作和诗学研究生涯中，以对现实社会桀骜不驯的姿态和对人生万象彻悟的才情，超越阿拉伯时空，自由翱翔于东西方天际，“在日夜的领地变化迁徙”“穿越边界”，吟唱“大马士革的米赫亚尔之歌”，建构其诗歌、文化、自由的王国，书写天地间的大书——《书：昨天、空间、现在》，在话语的光明和时间的黑暗之间获得新生，成为“风与光的君王”。

阿多尼斯的原名叫阿里·艾哈迈德·赛义德·伊斯伯尔，来自叙利亚海滨村庄卡萨宾。这位农民之子自小血液里流淌着阿拉伯民族对诗歌的热爱，14岁时就在时任总统视察家乡之际，为其献上了一首自创的爱国诗歌。阿里进入大学攻读哲学时开始以“阿多尼斯”（希腊神话中的美少年，叙利亚国王忒伊亚斯之子）为笔名发表诗作。青年时他在叙利亚军队服过役，因参加左翼政党而入狱一年。作为阿拉伯先锋派诗人和诗歌现代化最积极的倡导者，他创办了具有革命意义的杂志《诗歌》，担任文学刊物《立场》的主编，出版了在阿拉伯思想文化界引起震动的四卷本博士论文《稳定与变化》。20世纪80年代起流亡他乡，旅居巴黎，并任西方多所大学的客座教授，荣获阿拉伯地区和国际文坛的多种大奖。曾一度成为诺贝尔文学奖的热门人选。

他不仅是诗人，还是思想家、文学理论家、翻译家。除了极为丰富的诗歌创作外，还著有十余种文学评论与思想理论著作，编选过多部阿拉伯古代与现代诗集，并有十几部译作问世。其诗歌作品中文版译作在中国内地（大陆）和港台地区已出版数种，大部分出自国内著名学者、翻译家薛庆国教授的译笔。

阿多尼斯提出的一系列诗学见解，为阿拉伯新诗运动的发展奠定了理论基础，其诗歌创作正是这些诗学理念的语言实验。早在20世纪七八十年代，诗人便潜心诗学的研究和著述，出版了《阿拉伯诗学导论》（1971年）、《诗歌时代》（1972年）、《世纪末的开篇》（1980年）、《诗歌政治》（1985年）、《阿拉伯诗学》（1985年）以及《苏非主义和超现实主义》（1992年）等一系列极具美学价值和革命意义的论著。那时，阿拉伯社会在经历了1967年“六五战争”大挫折后，民族自尊心和自信心受到重创，面临空前的思想和文化危机，急需寻找治国安邦的方案。全盘西化还是唯古是瞻？阿拉伯知识分子又一次站在了历史的十字路口。他们开始审视和反思阿拉伯现代化发展道路上的种种问题和困境，思考20世纪以来阿拉伯民族在变化中的现代世界里如何处理好传统与现代、东方与西方、宗教和科学之间的复杂关系。这场思想文化危机最终上升到持续至今的对整个民族身份认同的质询和叩问。上述著作正是阿多尼斯以诗学为观测点，对这一系列问题的全面思考和阐释。

论著中，阿多尼斯骋无穷之思，饮不竭之泉，究语意天际，解万物奥秘。他一方面深深扎根于阿拉伯民族独特而肥沃的诗歌土壤，濡染于其崇高而丰沛的古典诗歌美学精神，挖掘阿拉伯民族文化遗产中的创新因子；另一方面穿梭于现代欧洲的思想文艺长廊，敞开心扉，与马拉美、兰波、波德莱尔、布勒东、科克托、里尔克、克尔凯郭尔等世界文学巨匠们展开对话，在东西方文化比较中，重新审视阿拉伯诗歌遗产，强调诗歌的嬗变并非仅仅是形式之变、表达之变，更重要的是视界之变、理念之变，而灵悟、主题、形式、语言上的统一与创新是现代诗歌的美学追求。他呼吁以诗歌现代性为杠杆，来撬动阿拉伯社会和文化的全面变革；他认为一个民族在急剧变化的现代世界中，秉持人道、坚持抗争、不断质疑、敢于探求各种可能性，是阿拉伯知识分子须持守的文化立场，文化问题是现代民族生存的核心问题。

阿多尼斯的诗论，是20世纪下半叶阿拉伯知识分子对民族大业充满激情、痛苦和忧思的见证。也许正是由于论著中折射出富有洞见的理念和热烈喷薄的理想，《诺顿理论与批评选集》（以下简称“《选集》”，英文名为 *The Norton Anthology of Theory and Criticism*）在 2010 年推出的第二版中，收录了阿多尼斯《阿拉伯诗学导论》《阿拉伯诗学》中的部分章节。该《选集》是迄今为止最为完整、权威、专业的西方文艺理论典籍，此版第一次收录了四位非西方理论家的著作，除阿多尼斯外其他三位分别是中国的李泽厚、日本的柄谷行人和印度的纳拉斯玛哈亚。《选集》囊括了从柏拉图时期至今共 148 位理论家的著名理论篇什，几乎涵盖文艺理论史上所有重要的流派和人物。

译事多艰，何况要翻译这些充满哲理思辨、文艺美学阐释的学术性文章，其中的困惑、艰难可想而知。经过两年多的研磨、啃读，寻经问典，不断学习和思索，笔者终于完成了这份译稿，实现了自己的心愿。拙译精选了阿多尼斯诗论的重要篇什，分为四大板块，12 个小节，内容涉及阿多尼斯对古典阿拉伯诗歌的美学阐释，对阿拉伯诗歌现代性转型的评析和前景展望，对现代诗歌中诗与思、蒙昽与清晰、想象力与物本体、语言与文化、创新与超越、美学意义上的现实主义等诗性特征的论述，以及对诗人与社会、诗人与革命、诗人与大众、诗人与政治、生活与艺术等关系的思考。

二

阿多尼斯对古典阿拉伯诗歌的批评，与文学史常见的以时间为轴、主题为框、人物内嵌的评价方式不同。他站在阿拉伯诗歌发乎情、诗性与生命律动、诗性与人类禀赋同生共长的美学高度，站在“世界中”的阿拉伯诗歌坐标上，对阿拉伯诗歌精神做了深入的挖掘和重新评估。他把阿拉伯诗歌与它凝视的世界之关系概括为“接纳”“质疑”“藻饰”“转折”“重生”“开放”的历程，从而打破了在“一定的历史社会背景下”评估诗人和诗歌的成见，消解了文学编年史固有的时间边界，让诗歌与性灵在自身进程中展开，使“被叙述”的诗歌重新回到一个蕴含无限可能的开端。

在阿多尼斯笔下，阿拉伯“蒙昧时期”（475—622年，亦音译为贾希利叶时期）的诗歌并非未开化，也不意味着“愚昧”，阿拉伯早期的口头诗歌不是为了改变世界，而是要表达接纳生命的欢欣：诗人是大自然赤子，不分高低贵贱，行走于天地间；沙漠地域变数太多，是迷宫，是恋人的旧居，是战场，是避难所；诗人带着木桩和帐篷，逐水草而居，与风日相伴，总在旅途；旅途中诗人因物而喜，爱万物所显示的样貌，从沙丘到蜥蜴，从星辰到废墟，当看到昔日故里坍塌、情人旧居不在时，便哀从中来，吟诗诵曲；诗歌是诗人以他那有限的自我，欣然接受严酷的大自然及大地上广阔无垠的虚空的挑战，他咏诵纯真的爱情和侠勇的骑士风范，咏诵欢痛、爱恨、荣辱、生死。“蒙昧时期”的诗歌是用来抒情而非书写的，诗歌中的声调和节奏就像充满活力的和风，是一种身体的律动，对于吟诵者和聆听者而言，词语及其节奏本身已然成为超越实体的灵魂倾诉。此时，词语不仅仅代表着某个物体的所指，而是一种多能指的力量体现，语言即生命，生命寓于语言形式之中。

阿多尼斯认为，从接纳生命到对其本质的质疑，是古典阿拉伯诗歌从乌姆鲁勒·盖斯（500—540年）走向艾布·阿拉·麦阿里（973—1057年）的过程，标志着阿拉伯诗歌感觉主义的诞生。接纳的过程是满足、安宁和确信，而质疑的过程则充满了叛逆、拒绝和怀疑；接纳是阿拉伯诗歌表达对生命本质的欢欣，质疑却是对此的焦虑；从接纳到质疑是一场宿命般远离源头又渴望回归本源、栖居原乡的旅程；接纳是求稳的标志，而质疑是求变的表征。变化从艺术层面看，表现为对阿拉伯格律诗的突破；从社会层面看，是对主流价值观的拒斥、反叛和撄犯。因此，真正的诗歌运动与其说是在庞杂的文化遗产中与政治、经济、伦理和习俗的一场抗争，毋宁说是在人类文明演进中一场与自身的抗争，这是一场永不停歇的“文学革命”。

阿多尼斯以高昂的激情和深厚的文化底蕴，对阿拉伯中世纪革新派诗人给予了高度评价，这也是其诗论中浓墨重彩的部分。拉开阿拉伯诗歌革新序幕的是被阿多尼斯称为“阿拉伯诗歌感觉主义鼻祖”的巴沙尔·本·布尔德（714—784年），他对阿拉伯诗歌原初意旨提出了质疑：诗歌是模仿还是发现？紧随其后的还有艾布·努瓦斯（762—813年）、艾布·泰马姆（788—846年）、穆泰纳比（915—965年）、伊本·巴比克（？—1020年）和艾布·阿拉·麦阿里等。“酒诗人”艾布·努瓦斯借酒之意象把诗歌从“现成的生活”中解放出来，当他宣告“我有我的宗教”时，这意味着诗歌与神学的分离，是对人性的发现，诗人转向人的内部世界，发出烛照内心的声音。艾布·泰马姆的诗歌是分水岭，他之前的诗人讲究形式上循规蹈矩、韵律上协调自洽的本领，而他之后的诗人则注重奇异瑰丽的用词、突变迸发的想象力。穆泰纳比更是以勃勃雄心创造了一个完全由词语构成的世界，他的诗变动不居，才情激扬，是阿拉伯诗坛炽热燃烧永不熄灭的火炬。哲理诗人麦阿里则弃绝红尘，超越死神的疆界，生命之于他，不是生之今日，而是死后之明日；他与死亡对话，拥抱死亡，甚至融入其中，在他看来生命原本是残缺的，身体这具皮囊不过是“大地的补丁”，生命始于死亡，死亡才使残缺的生命得以圆满，时间只不过是一场游戏。

在笔者看来，阿多尼斯对中世纪阿拉伯诗歌美学的洞见有二。第一，领悟到古典阿拉伯诗歌里蕴含着人文主义精神，即诗人对人性的发现，揭示了阿拉伯人对生命十分脆弱的感知以及人类对战胜脆弱、战胜死亡的向往，同时也揭示了命运挣扎于其中的世界之荒诞。此时，诗人努力超脱外界及社会规约、伦理的束缚，以获得自我主体性。第二，阿多尼斯看到了中世纪阿拉伯诗歌中蕴含的“现代性”生命力，那就是对主流价值观的质疑和创新，它是“人类荒原上高高立起的灯塔”。

然而，阿拉伯诗歌的“早期现代性”在强盛了3个世纪（8—10世纪）后日渐式微，之后阿拉伯诗歌经历了长达9个世纪（1000—1900年）的“藻饰”时期。辞藻的雕琢与浮华映射出精神的委顿和空虚，模仿、玩乐、奢靡、消费之风盛行，这些都是现代城市生活带来的痼疾。“诗歌变成了最能应景的工艺”，而非心灵的呐喊，藻饰已然成为一种集体无意识，生命意志消失了。阿多尼斯认为，这时期的诗歌只有索取，没有奉献，只有模仿，没有创新，大量索取和模仿的结果便是为心灵、头脑、审美提供现成之物，一切都是给定的，这个漫长时期充斥着历史的回声和废墟。即便到了“复兴时期”（Nahdah，发生于19世纪末、20世纪初的阿拉伯文化复兴运动），诗歌也没能实现真正意义上的阿拉伯文化复兴。所谓的“新古典主义”并没有把读者带入新天地，在形式上没能走出格律诗的囿限，在内容上也只是当时日趋崩溃没落的封建贵族意识与新兴的小资产阶级情感在文学中的表现。直到“一战”结束后，旅美黎巴嫩作家纪伯伦发出了愤怒的声音，这是一种将固有文化连根拔起的力量，“如一股洪流荡涤滞留在小径、历史、事物和词语上的淤泥”，真正开启了阿拉伯文学现代性进程。

三

阿拉伯诗歌现代性是阿多尼斯诗论关注的焦点。中世纪阿拉伯诗歌中质疑的声音，在阿多尼斯看来蕴含着阿拉伯“早期现代性”的萌芽，具有现代存在主义、浪漫主义和超现实主义的因子，因此现代性是人类文明演进过程中必然的产物，并非为现代西方所专属，也并非仅是个时间概念；它是人类运动中不断质疑、不断突破圭臬的永恒力量，是东西方人类文明共同作用的结果。阿拉伯中世纪诗歌中“人的发现”，昭示着人和世界的内在关联。正如“酒诗人”艾布·努瓦斯在诗中所言：“酒是火焰，是生命体，能言说，能看见；杯盏是明灯，是星辰；酒宴是生死场。”艾布·努瓦斯的诗标志着诗歌与神学的分离，也意味着大自然和社会不再是外在之物，而是人类精神的投射，诗歌是“心之见”，它能在人的心中找到世间万物的对应，即象征和隐喻；精神统领的世界是诗歌的世界，是无数个开始构成的世界，是由词语、意义、想象构成的主客体“彼此开放的系统”；诗歌的词语和形式结构在运动和变化中不断生成和重组。

阿拉伯诗歌现代性所引发的诸多问题与思想文化危机紧密相关，在西化还是复古的二元对立中，阿拉伯民族迷失了自己。阿多尼斯首先强调要摒弃二元对立的思维模式，关于守成与创新、复古与西化的论战，说到底是以认知自我为指归的，最终是为了在急剧变化的现代世界中把握自我的位置。

在此，阿多尼斯也坦言自己一开始是效仿西方文化的一员，但很快便向内转，能够用全新的视角审视自身民族文化遗产，实现自身文化的现代性和独立性。同时他也坦言这种文化自觉并非仅来自阿拉伯主流文化体系及知识结构，而是东西方文化融合的结果：

波德莱尔改变了我对艾布·努瓦斯的认知，使我意识到他诗歌中的诗性和现代性；马拉美向我阐释了诗歌语言的奥秘，让我领悟艾布·泰马姆诗歌中的现代性意旨；布勒东、奈瓦尔、兰波三人的诗歌引领我发现苏非经验的独特性和魅力；法国现代批评指引我理解阿拉伯中世纪朱尔加尼文论的现代性，尤其是关于诗性及其语言和表达特征的观念。正是"晚期的"西方现代性使我发现了我们"早期的"阿拉伯现代性，它超越了我们建立在西方范式上的"现代化"政治文化体系。

阿多尼斯揭穿了现代性的"同质性"错觉，批判唯西方话语和经验才是现代性唯一准绳的谬误，他认为正是建立在西方范式上的排他式现代性，才使东西方在意识形态上的冲突演变成文化和文明的冲突。事实上，人类文明不分东西，无论东方的还是西方的，都以各自独特而自主的方式，构成了多元世界的统一体。阿多尼斯还揭穿了现代性的"时间性"错觉，这种观念把现代性狭隘地理解为时间上的线性跃进，把标新立异的现代性表象等同于意旨丰富、以不断创新为指归的现代性内涵。

在阿多尼斯看来，真正意义上的现代性根植于一个民族语言和社会内部，诗歌现代性首先是语言现代性。阿拉伯语和阿拉伯社会是历史的产物，诗人须超越当下时刻，进入人类历史的纵深空间，诗人只有和这门语言的天性及历史演变过程融为一体去感受和写作时，才能成为这门语言真正的诗人；语言撇开历史和过去，便不可能有诗歌现代性。因此，诗歌写作是对历史的参与，将历史置于持续的质疑中，将写作本身置于持续的质疑中，置于不断思索语言能量和探寻语言实验的运动中。诗歌现代性意味着思想从禁锢中爆发和解放出来，思所未思，写所未写，冲破传统中有“诗”无“思”、只要“合辙押韵”便是诗的理念，那种没有灵悟、只有空洞形式的诗歌只是模仿和因袭，诗人囿限于僵化的认知系统和知识结构中，无法创新。诗歌之思是对充满词语的万物和充满万物的词语的转译，诗性的奥秘在于其思索至深而使诗成为神秘的、梦幻般的艺术，“诗之思”造成了诗人与大众的分裂，形成了同一时期两个彼此靠近却又对峙而立的时代：诗人时代与大众时代。但“诗之思”能使大众由诗之深度结构见物之深层意义，以证明诗何以利用语言表达中的缝隙、间隔、静默和空白来生发意义，并通过自身之不完整性和生成性来进行物本体的创造。因此，诗歌是一种词语间的对抗，以便为这个世界和万物不断命名，词语不仅是对物本体的创造，也在创造中创新自身。诗与词共生，诗与思共存，这是人类的天性，是构成人类共同意识的要素，也是诗歌现代性的核心问题。现代诗的“思想就像玫瑰的芳香从诗歌中散发”。

阿多尼斯认为诗歌现代性还要摆脱当下逻辑化和理性化的技术主义束缚，现代技术主义和工具理性将人置于一个封闭的“工具性”系统中，使人围着赤裸裸的物质主义打转，他全部的能量被引导去控制外部世界，侵占和剥削他者，忽视或压抑了其内心澎湃的激情和渴望。而这种唯产品论和量化论的技术主义必然导致专业越分越细，路越走越窄，它无法涵盖世间一切。作为整体的人类社会，它的进步不仅体现于其经济和社会结构的现代化，更主要体现于人类自身的解放，将人从这个结构及其背后的巨大桎梏中解放出来。逃逸于工具理性之掌的诗歌，或许能够凭借诗性的直觉和反逻辑思维，唤起一种对人类早年精神源头的乡愁，成为联结人类本质的纽带，远离冰冷的科技理性，建立具有新人文主义精神的“人类命运共同体”。那是一条更人道和更温暖的道路，是对人类整体性和历史性的思考和探求。

2019 年，为准备研究生的阿拉伯古代文学史课程，我拿起了晦涩难懂的早期阿拉伯悬诗诗人作品，此时无意间读到了阿多尼斯在《阿拉伯诗学导论》中对早期阿拉伯诗歌美学的论述，豁然开朗，竟从如同嚼蜡的“蒙昧时期”诗歌中读出点温情和魅力。便决意在教研之余，试译一些阿翁关于阿拉伯诗歌的论述篇什，以展现他在 20 世纪 70 至 80 年代那段风云激荡的岁月里，对包括阿拉伯诗歌在内的文化遗产展开的深思，表达对阿翁的敬意，也为如我一样的中国外语语言文学研究者、学习者提供一些便利。期待拙译能加深国内学者对阿拉伯诗歌美学的认知和理解，拓宽阿拉伯文学和外国文学的研究维度。山河异域，风月同天。诗歌作为一门“生命的学问”，或许为我们从更深层次地理解“人类命运共同体”的理念开辟新天地。

今天，迈入 21 世纪 20 年代的人类，已处在更加复杂多变的全球化时局中。阿多尼斯的诗论或许能够给我们一种启示：人类比任何时候都更需要创新和超越，比任何时候都更需要将自身与他者紧密联系在一起。作为共同体的人类只有超越文化、国家、种族、阶级、宗教、教派、性别的藩篱，摆脱“西方与东方”“西化与本土化”“集体与个人”“男性与女性”的二元对立，才能不断创造。只有在创造中不断创新自我，人类才能不断前行。

最后，请允许我对外语教学与研究出版社编辑徐晓丹、于辉两位女士表示诚挚的谢意，感谢她们为拙译的付梓付出的心血和劳作。

感谢北京外国语大学薛庆国教授为译作与阿多尼斯本人的沟通以及提出的宝贵建议。

感谢北京外国语大学张宏教授给予的指导和帮助。

邹兰芳
2023 年 4 月于惠园

目录

开篇

本文论回顾了过去不同时期里写就的学术随笔，将相关问题做了重新思考和整合。这些研究成果旨在：

（1）重新审视阿拉伯诗歌遗产，以便形成新的理解，本着这种理解，我们重新评估这份遗产，并在高校和中小学进行经典重读和研究。

（2）强调诗歌的嬗变并非仅仅是形式之变、表达方式之变，更重要的是理念之变。

（3）超越文类的界限，这些文类包括散文、诗歌、小说、戏剧等，将其融合为同一种事物，那就是书写。

（4）用永恒超越的观点来看待和评估阿拉伯诗歌的创作及成果，如此，其价值便不仅囿限于已然实现的革命意义，更蕴含于其积蓄的或指明未来的革命意义。

阿多尼斯

1971 年 10 月于贝鲁特

第一章

阿拉伯古典诗歌美学

一、接纳

1

诗人泰米姆·本·穆格比勒所说的人生理想——“假若年轻人是块石头”[①]——是我们理解“蒙昧时期”[②]阿拉伯人的一把钥匙，由此我们可以观测到阿拉伯人的精神世界及其内涵。从

① 泰米姆·本·穆格比勒诗中吟道：假若年轻人是块石头，生活该多么美好，/ 轻狂的他，才能经受住世事侵扰。

② 也称“贾希利叶时期”，约公元 475—622 年。阿拉伯语中“贾希利叶”意为“蒙昧”。本书中均译为“蒙昧时期”，并加上引号，是遵从原文作者的意思，带有一定的讽喻意义，在阿多尼斯看来，这一时期并不意味着愚昧、不开化。

消极方面看，这一人生理想揭示了阿拉伯人对生命十分脆弱的感知，如诗人描述的那样，生命只是“借来的衣衫”①，也正如诗人克尔白·本·加纳维所说的那样“死亡毁掉了生命”，死亡对“人体的运行”如日中天②。人“必然衰老”，坟墓是他的“家”，“真正的家”。由此看来，人生真没有什么快乐可言，我们每个人都应该像阿迪·本·宰德·阿巴迪那样发出“走向死亡的生灵有何欢欣”③的叩问。从积极方面看，这一人生理想揭示了人类对战胜脆弱、战胜死亡的向往，阿拉伯诗人在揭示自我的同时，也揭示了命运挣扎于其中的世界之荒诞。由此，自我在二元统一中成长：自我与他凝视的世界既统一又分离，越深入地凝视这个世界，越能感到横亘在自我和世界之间的鸿沟。当人与周遭的世界分离已成定局时，他的缺憾也不言自明。于是，他渴望实现圆满，而其圆满的实现非外部世界不能成全，在与外界共享存在的同时，他感到自己生命之短暂，忍受着“顺从”者不得不忍受的折磨。他既与世隔离，又与心疏远，感到忧伤、孤独，只有等待、坐立不安、冒险，希望战胜时间、死亡和变化，希望自己变成一块磐石。

对于“蒙昧时期”的人而言，这是一种痛苦的意识，他在

① 有诗云：族人的恩赐就是享乐，/ 人的生命便是借来的衣衫。

② 克尔白·本·加纳维诗中吟道：太阳每日当空运行，/ 正如死亡频繁降临生命。

③ 阿迪·本·宰德·阿巴迪诗中吟道：他有了悔过之心，叹道：/ 走向死亡的生灵有何欢欣？

向外寻找出口时，没有宗教力量推动他升华至神的高度，得到救赎；他心系大地，通过偶像崇拜，寻找另一种神祇，我称之为“大地之神”。他一无所有，只有大地，他忠实于大地，顺从大地的节奏。对大地的忠诚流露在其作品和行动中，一方面表现为骑士和侠勇之风，另一方面则表现在对外部世界的想象上，试图去理解它、掌控它。这里，沙漠就是外界，沙漠就是敌人，这是不毛之地；这里，瞬息万变，转瞬即逝。于是，地域是理解“蒙昧时期”诗歌的第一要素。

地域对“蒙昧时期”诗人而言具有双重特征。一方面很吸引人，仅从地域上就能彰显出英雄风骨和骑士内涵；另一方面又令人恐惧，地域上变数频仍。“蒙昧时期”诗人的地域让位给了飓风和沙粒，诗歌是时空的聚合体，诗人在此折腰屈服，辗转颠簸，怅然若失，地域成了迷宫。“蒙昧时期”诗人突发奇想，将地域视为避难所，于是，当他看到昔日故里坍塌、情人旧居不在时，便哀从中来。此时地域是“蒙昧时期”长诗纹理中隐藏的第二语言。

这片地域给予人的只有力量，掌控的力量，这种力量作为首要推动力，使“蒙昧时期”诗人的生命成为时空相聚、必然和偶然交织的心理聚合点。诗人有意将自己推向命运的无常，谁拥有了勇气，谁敢直面地域之险恶，谁就懂得了如何成为命运的主人。

2

当“蒙昧时期”诗人无力掌控地域时，便只好屈从它、接纳它、消化它，以英雄主义来弥合他的世界出现的裂痕，英雄主义净化和升华了生命，让生命重放异彩，重新充盈起来。在英雄主义那里，世界的样貌改变了，存在成为自我理想品格的折射，世界成为侠勇和骑士精神的原动力；在英雄主义那里，世界屈服了，犹如在梦中，臣服的世界因为英雄的出现而得以统一，由此消弭了世界和人的分离，弥合了表象和内核的分离。

英雄主义是震撼生命的游戏，它能开启生命，又能夺取生命，英雄主义是一种冒险：我们冒险时便改变了周遭的存在，我们冒险时就得以自我改变，由此获得了我们自身。我们把冒险作为自我放逐、最终能找到自我统一的必由之路。

英雄主义用一种激动人心、动力十足的语言来表达自我。它与神经、表皮、肌肉和感官对话；而灵魂，则赋予英雄主义迷人的魅力。此时，语言是这迷人律动的表象，生动活跃，由一系列的灵魂暗示构筑而成，令肌体激情澎湃，如后推前涌的怒涛。当我们见到“蒙昧时期”诗人的语言铿锵有力，在描绘和表达上达到极致时，不难理解，只有在英雄主义和冒险精神的鼓舞下，他才能接纳或凝视外部世界，很自然，目及之物必然奔流着骑士精神的热血。

“蒙昧时期”诗人的骑士精神不是盲目的匹夫之勇，而是表达连敌人也可以拥抱的豪迈气概；被俘的妇女不会受辱，如诗人哈提姆·塔伊所说的那样，她有和“品行端良的妇女一起共处”[①]的自由；杀戮不是目的，而是防卫，是取得胜利、卓然超群的表现。这是一种骑士的侠勇气概，它强调，在骑士的人生字典里没有“惧怕”二字，谁想阻止他去实现他的意志纯属枉然。

骑士在杀了对手后，甚至在“满不在乎”、无情地杀了对手后，还哭悼凭吊他[②]；他绝不杀赤手空拳者，不杀投降者和求助者，由此可见，骑士风范是一种神圣的精神，不论赢家还是输家，甚至失败者也有权选择如何赴死。

骑士只有在打败与他同等勇猛的对手后才感到真正的自豪，只有对自己的力量极度自信时，才感到这股力量的有限性，感到还有另一股力量堪与自己匹敌，与自己较量，准备战胜自己。因此，他不矜夸自己的力量，而是称赞对方角力的方式，那是敢于直面的、勇猛的力量。由此，骑士的人格高于骑士精神本身，成为战争和其他事物的主人。换言之，按古代的说法，“平

① 哈提姆·塔伊在诗中吟道：被俘并未给她带来耻辱，/ 也不会罚她围着锅台做饭受苦。

② 穆哈勒希勒·本·拉比阿在诗中对敌人吟道：一想起你们，我们哀悼恸哭，/ 杀你们时却满不在乎。

等”和“公正”精神与骑士如影随形，这种精神令他甚至不吝赞美敌人及其力量，他的敌人毫不妥协、毫不畏惧地咽下最后一口气①，常常比对手更能忍耐死神的降临②。

阿拉伯骑士精神懂得，其底线就是消失，其必然往返于在场和缺席之间，英勇悲壮。因此格斗不是生存方式的游戏，而是生命意志的必然，拿起武器，与死神较量。骑士明白战争催促他踏上征程，自己正走向死亡；然而，同时他也确信战争虽然交织着死亡，却不能关闭他未来的前景，关闭他生命之门。无论战争中还是战后，他在搏击中永生。

“蒙昧时期”和伊斯兰初期的骑士品格并没有发生根本变化，只是后者抹上了神的色彩。“蒙昧时期”的骑士并不凭吊来世，他的成与败都取决于神的意志，“蒙昧时期”的骑士精神饱含悲怆，而在伊斯兰时期，这一点消失了，取而代之的是骑士“以安拉之名粉身碎骨”③，赋予殉教一种内在的吸引力。

“蒙昧时期”诗歌给我们展示了这样一种骑士品格：它既庄严持重又自由奔放，既具有合作精神又不失个人秉性，既能奔驰无疆又能静心驻足，他的日常生活在混乱和偶然中有序展开，

---

① 阿卜杜拉·本·萨布拉在诗中吟道：我让他尝到了死亡的滋味，直至咽下最后一口气，/他仍不屈服，也没有丝毫恐惧。

② 扎夫尔·本·哈里斯在诗中吟道：我们灌他们一杯，他们如数奉陪，/但在死神面前，他们比我们更能忍耐。

③ 艾布·图菲勒在诗中吟道：当看见大门将我拦住，/我以安拉之名粉身碎骨。

在无穷无尽的绵延中得以协调。夜里，他回忆令他激荡的白昼；白天，他思念情人的香枕。诗人扛着木桩和帐篷，逐水草而居，与风日为伴，总是人在旅途。在他心灵深处，有一种事物总在折磨他、刺激他、推动他，没有什么能满足他、限制他。他是人类的舞者：说到底，他的骑士精神就是以他那有限的自我，向周遭大自然及其广阔无垠、可怕的虚空进行复仇，甚至，也正是这一点使他有时候狂傲不羁，藐视自己，坠入冒险的深谷，其生命则升华为沙漠的典范：既绝对又相对，既简洁又复杂，既稳定又像流沙一样瞬间坍塌。

阿拉伯骑士精神除了上述德行外，还可以看到另一面，我称之为无归属感，或者说，拒绝血缘纽带，以期建构另一种社会关系。它也许是早期阿拉伯阶级关系的反映，总体表现在侠寇诗人身上。它不倚仗责任感，而依靠个性，压倒一切地感受到能够颠覆既定法则的力量，渴望实现人们认为不能实现的事物。这里，意志如明澈的意愿，它是英雄主义首要的属性；这里，英雄被崇高的愿望驱使，尽其本能去实现这一愿望，哪怕与道德戒律和整个社会抗争，诚如诗人塔阿巴塔·舍拉所云：“视孤绝为善友。”[①]

---

① 塔阿巴塔·舍拉在诗中吟道：他视孤绝为善友，/ 正如银河指引不迷途。

3

凭借骑士精神，“蒙昧时期”诗人将世界提升到整体的高度，或者虚无的高度，无所谓胜利，亦无所谓死亡；凭借爱，诗人在世上体验到作为人最崇高的本体的欢欣。

“蒙昧时期”诗人的爱情发乎身体，然后才是心智的感受，身体的欢愉给予他完美和掌控全局的喜悦，因此，他找到了自己的尘世天堂。女人对他而言是绿洲，是水源，是全部的美，是富饶和安宁的象征，是复活，是创造，是提升，是崇高；他感到，拥有了女人就意味着掌控了大自然本身，女子是终极目标，甚至更高。“蒙昧时期”诗人似乎认为，女人具有一种向善的魔力，仪式般地感染着灵与肉，他把女人和大自然联系在一起，通过大自然他看到了女人，因此人们以为，他的这种处世观暗示着他觉得女性优越于他，也许正是这一感知赋予处女以神秘的内涵：因为一旦破了女性的童贞，就会引起其身体的根本性变化，使他以为他是女人创造的，同时他也创造了女人。从神话层面来看，那就是强调亚当先于夏娃而诞生。

阿拉伯人生活中最初的盛典就是身体节。节庆上，欲望、欢愉、酣畅融于一体，阿拉伯诗人常常祈祷：世界就是身体，但是，爱情啊，请把身体变得更加丰饶，更加现实吧！

除了身体之恋外，还有一种叫纯情之恋，对于纯情诗人而言，世界是他心上人透明的镜像，世间万物都按照他爱情的理想状态呈现出来：清澈、闪亮，脱去了沉重幽暗的外衣，变成了空灵的精神世界。

然而，即便是纯情之恋，身体的挣扎仍然是个基本问题，如果这世界与我们无关，那么我们也必然心无挂碍，恋人被冷落一旁，像任何一块石头一样，在荒原里寂寞地死去。

因此，纯情诗正如纯情之恋一样，隐秘地反映了生命的失败，体现为对永恒的焦渴，灵魂对身体永恒的思念，无法突围的燥热。似乎纯情诗人本能地意识到，女人对命运多舛者有种天然的青睐，故而乐意安慰他们，减轻他们的痛苦。因此，与生俱来的同情心促使诗人把自己展现给他的恋人，把自己描写成受尽折磨的心碎者，邀请恋人与他交换爱情，以便治愈他内心的创伤。为此，他向她描述他的内心世界：出于本能，在这个世界上她只想看到未经受过折磨、未被玷污的童年。

当纯情诗人以博得同情、令人心碎的口吻来和他的恋人交谈时，诗歌成了施爱的替代物：男性淹没在女性的阴柔中，如一股巨大的力量，很快便消融，诗人安躺在她的腹腔内，像婴儿一样，无能而虚弱。他只求一死的愿望正是原初意识的回音：在施爱中，男性抛掉生命的常态——清醒、睿智，进入令人欢畅、昏眩的世界，一个站在死亡边缘、类似死亡的世界。

在阿拉伯诗人看来，纯情之恋和身体之恋是爱情的一体两面，前者回归内心，向往纯粹，后者通向外部，沉湎于感性世界，二者一起构成了人类生活本质的两面，是其与生俱来的原动力。身体之恋如同纯情之恋，蕴含着灵魂的诉求和神奇的火焰，发热发光，因此身体之恋尽管受到诅咒，但令人崇拜。因为对“蒙昧时期”诗人而言，女性既是身体又是精神，是时间和死亡握手言和的栖息地。

阿拉伯诗歌感性主义在爱情层面上为我们展现了欢乐与痛苦、放弃与掌控、喜悦与忧伤之间的矛盾，这种感性主义是乐趣的对立面，以便与痛苦抗争，战胜痛苦；也是否认一切欢痛的对立面。从这个层面看，欢与痛在“蒙昧时期”诗人那里统一，标志着崇高的情感。人类愈是深入理解自己的本性，这种统一就愈加明显，他对这种统一的理解就愈加深刻。欢与痛的力量证明了生命的力量，人类愈是投入地活着，就愈加深刻地感受到欢乐和痛苦。

时间是“蒙昧时期”诗人的大敌，尤其是恋人的大敌，恋人对时间的理解与常人不同，他们的时间就是热恋和约会的瞬间，他们的时间不会像水一样长流不息，而是被割裂成一段段，像蝴蝶般展翅高飞。

“但愿时间停滞”，这就是恋人的希望，也是所有伟大爱情诗篇的核心。

贾拉恩·欧德·尼迈里在夜间幽会时吟诗诵曲，希望长夜绵绵无尽，他独自哀叹：为什么要有白昼？为什么要有这周而复始、空洞乏味的白昼？只有当他和情人幽会时，时间才变得具体。

恋情是生与死、欢与痛、坟墓和复活的聚焦点，在纯情诗人那里其意义更为明显：若没有痛苦和死亡，他们的爱就变得毫无意义。爱情对他们而言就是死亡的同义词。纯情诗人拒绝为了摆脱痛苦和死亡而放弃爱情，痛苦和死亡犹如生命留下的痕迹，以其神秘的力量奔向死后的重生，进一步感受重生的欢愉。在爱的王国里，凭借着爱的力量，纯情诗人内心的一切都有了魔力，能产生化学反应；在他那里，爱在神话效力的推动下前行，有种被驱动和被驯服的力量，不管是否与他的恋人合二为一，他都能从中看见自己和自己的存在，以及自我救赎之路。他的诗就是战胜数字时间的魔力媒介，借此，创造了不会流逝亦不会消亡的永恒的心理时间，这是伴随数字时间隐秘流动的另一种时间。

4

“蒙昧时期”的诗歌是见证之诗，见证了阿拉伯诗歌的目的不是为了改变世界，或建立另一个世界；它的目的是和现实对话，描述它、见证它。诗人爱他周边的万物本身，爱万物所表现出的样子，以物而喜，以物为用。与其说诗人试图只看见现实的景象，不如说他尽力看见目及之处，由此让一切在沙漠画面中获得应有的价值和意义，从蜥蜴到山脉，从星辰到废墟。“蒙昧时期”诗人是大自然的赤子，像照耀世界万物的太阳一样，不分高低贵贱，行走在大地上，非常现实，却充满雄心和欲望。他咏诵清纯的抒情诗，以骑士精神见证人类的伟业，或以恻隐之心观照周遭万物；他咏诵欢乐和悲情、愉快和悲伤、爱和恨、叛逆和满足、希望和失望。

“蒙昧时期”诗人作为见证者，意欲把他所看到的一切都描写成生动的画面，其内心涌动着愿化为外界万物一分子的激情——或化为一顶帐篷，或化为无垠的沙漠，或化为宁静的夜晚。内心的激情催生了对外界的欲望，他想化成一个物体，想使自己物化。

“蒙昧时期”诗人在看待万物时，并没有预先的假设，他以纯朴而坦荡的方式去感受事物、观察事物本真的模样，任何高大的含义或形而上层面的意义对他而言都是多余的。另一方面，他与周遭事物的隔离感也是主体对寻求完全独立的感知，在“蒙昧时期”，主体和客观世界存在着根本的抗衡，但是二者之间的矛盾也恰恰是诗人捕捉事物的目的，它是以占有和控制为目的的，因此是分裂的矛盾，而不是统一的矛盾。

此时，人，而不是幽冥，不管这个人叫什么名字，他才是万物的标准。大自然只是人行为的场所，是反照他经历的镜子。在“蒙昧时期”诗人那里，不管他是拜物教徒还是浪漫主义者，大自然并不是对宇宙报以同情进行咏物的对象；大自然也不是避难所或心理补偿地，它是像石头一般粗糙、钉子一般赤裸裸的现实。我们认为，这种自然观很现代，因为，它把自然当作一个客体，这种观点和其他民族先民们的观点相反，尤其和希腊人的观点相悖，希腊人把自然当作一种制度或者法典。因此，在“蒙昧时期”，大自然对人而言没有什么价值，也不存在任何伦理意义，更不担负什么教育职能。人在大自然面前感到十分孤独无助，除了相信自己的勇敢，别无朋友。大自然在他心里造就了他钢铁般的意志，以及对剑和英雄主义的信念。

生存于这样一个世界里的诗人除了力量，毫无根基，他只能立足于寻寻觅觅，只有焦虑，只有渴望最大限度的行动自由。他对自我和命运的坚信产生自这个毫无根基的世界，因为周遭的一切似由碎屑、偶然和混沌组成的星云薄雾，大自然始于它也终于它。故“蒙昧时期”的诗人看不到这个世界能由什么英明的神灵用永恒的力量来操控它，且这个神灵的睿智毋庸置疑；他看到的是由别样的魔鬼将人类联结在一起的能量聚合。他把世界看作是自由行动的天地，自由与日俱增。当自由的意志遇到阻碍时，他决心拒绝外部世界强加于他的人生意义和道路，便与世隔绝，独居一隅，宣布自己的独立，歌咏自己的独立精神，甚至在失败、沦落、疯狂、犯罪之时，亦是如此。对于“蒙昧时期”诗人而言，真正的现实在生活之中，而不在之外。

频仍的部落战争、不断的迁徙流离正是“蒙昧时期”诗人拒绝外部世界的方式，这种拒绝使他们变成了一个满足自我、强调自我的工具，“蒙昧时期”的阿拉伯人是我们早期的典范：拒绝稳定和有限，崇尚行动和自由。“蒙昧时期”的人最不喜欢固定在一个地方不动，而只有在冒险时刻才感到自己的存在。冒险时，世界才能放轻脚步，或消逝不见，才没有任何羁绊和挂碍，才能回应和馈赠骑士。

5

世界及万物与“蒙昧时期”诗人的关系十分明了：人的意志同万物之间有时是相互对抗的。阿拉伯诗歌在现实的脉络和躯体上揭示出许多孔洞和裂痕，我们可以看到它是如何的无聊和单调。世界看起来像个可怕的幽灵，也许我们能弄明白这个幽灵，却没有能力与之抗衡，只好去接纳它、歌咏它，但不能逃避它。由此，阿拉伯诗歌呈现给我们的是一个破碎而重复的世界，它拖着自己，日复一日，直到沉沉黑夜；这个世界像一个为敌人敞开大门的军营，觊觎已久的敌人随时都会对它发动突袭。尽管这样，我们还是不得不支起帐篷，洗耳倾听敌人的脚步声渐渐临近，或乘虚而入。所以古典乐观主义是不可能存在的。沙漠体现为一场悲惨的较量：沙漠中的一切都是一无所有者的物品，沙漠是纯粹的可能，也是纯粹的不可能。

在“蒙昧时期”诗人眼里，周遭的事物皆如云彩，时隐时现，说变就变，转瞬即逝，诗人目及之物，瞬间变成对往昔的回忆，把他硬拉回到现实中来。他和世界永远相隔两端，之间漫长的距离被两件事情填满：一是向孤绝的大自然报复，二是一心想统治它。沙漠几乎是千篇一律的空间，今天看见的和昨天的没什么两样，那么明天也不过是昨天的翻版，太阳底下没什么新鲜事物，有的只是对同一事物的另一种形式的了解，或者说，去认识不同外衣下的同一事物，一切事物已在昨天见过，习以为常。

正是从这种存在观里产生了我们所谓的宿命感，我说的宿命感是指冥冥中有一股不可抗拒的力量，控制着一切事物，生杀予夺，全不由你。在这股力量面前，“蒙昧时期”的诗人无能为力，无计可施。这股力量不是死亡的力量，而是一种横扫千军的力量，所及之处，无一存留：恋人不在，亲人不在，居所不在。厄运是一种冥冥中的事物，从后边袭来，令人猝不及防，又必然而至，不是在今天，就是在明天，或就在当下一刻；这股力量不是匆匆过客，它已然成为生活的常态。

于是，我们看到宿命般的忧伤已深深扎入阿拉伯人的灵魂和诗歌中，哀伤之于阿拉伯人，是与生俱来的情感。在“蒙昧时期”诗歌里，伤感甚至流淌在欢快中，不管欢乐的风如何吹拂这个世界，欢乐的火焰在诗人眼里犹如一道光谱，随着黎明的诞生而消失殆尽。命运是他最大的灾难，他在暮霭中，在幻景中，在昼夜中，在昔日和明天的死亡中真真切切地感受到神秘莫测的命运。他的整个存在全被这命运掌控，命运抓住了他的内心。

由此我们明白了“蒙昧时期”诗人为什么这么敏感，这么紧张，内心这么纠结，在场的喜悦和不在场的哀伤交织错杂，让我们难以捕捉。也让我们明白了为什么“蒙昧时期”诗歌常常跳动着叛逆的脉搏。在客人面前显示出的慷慨、服从、恭顺，其实是另一种形式的叛逆和孤傲，有时为了掌控局势，诗人要杀死对方。这种矛盾也体现在骑士个性上。骑士精神实质上是向世界抗争的呐喊，其诉求就是证明自己的存在并心满意足地活着。从这点来看，骑士意识就是向命运抗争的意识，它影响了“蒙昧时期”诗人那些发自本能的作品，那些经过深思熟虑的作品；也正是这一意识，把纯正的感受和纯正的行动联系在一起：诗歌的本质只遵从情感的律动，勇敢的本质就是不计结果。如此，生命的形式和意义才能圆满合一，生命才能大放异彩，富足丰饶，充满魅力。

“蒙昧时期”的诗歌就是这样一场令人欢喜令人忧的较量，幽暗的命运和明澈的英雄主义之间、宿命和自由意志之间、严峻和纯真之间、必然和偶然之间，始终存在着较量。

“蒙昧时期”诗人命运意识里有一种断断续续感。他们生活在抗争中：与波涛般汹涌的沙漠抗争，与不可抗拒的命运抗争，与持续性的迁移抗争。人的生活是不连贯的，感受是断断续续的，生命在碎屑般纷飞、散乱、间断的时间里展开，只能感受到突然而至的须臾的欢乐，但很快也就烟消云散。诗人将自己的雄心集中在儿童般的惊奇上，信得快，喜得快，但无法从理性和社会层面让自己遵从一系列的规约，无法提出整体的看法来解释自己的存在，无法把握自己，内心有多少冲动就有多少柔情，诗人冲动的能量献给了骑士精神和爱情。

6

这种存在感也反映在诗歌形式上：生活在沙漠环境下的诗人怎能轻而易举地专心于创作各部分紧密相连的长诗呢？“蒙昧时期”的长诗内部，各部分之间互不相干，也没有统一的结构框架，它是运动着的长诗，受多变情绪的驱使，外部结构的松散也自然成了不足为奇的事情。它是不定的内部情绪的外化，是动荡不定的生活的反映，是地域—迷宫、地域—沙漠形象的文字表现，即形式上千篇一律的表现。但这种结构可以称之为重复性单调结构，正如阿贝尔·加缪在评论列夫·舍斯托夫的单调时所说的那样，称其为“精美的单调”。克尔凯郭尔认为重复是用挽救时间的方式来利用时间，艺术家和时间之间的错位使其无法证明自己的不朽。因此，他向往并赞美往昔，让记忆中旧日的爱恋永驻。唐璜就是这样的，他在断断续续、支离破碎的时间里行走，幻想着能证明自己的存在。“蒙昧时期”诗人的不断重复，对他而言，从某种意义上讲是以拯救沙漠的方式来利用沙漠，或曰以拯救时空的方式来利用时空，继而拯救自己和诗歌。“蒙昧时期”的重复就是沙漠的蕴意，诗人无论朝前看还是向后望，沙漠的项背和脸面都是一样的。沙漠是生命的岩石：它坚硬又吝啬，赤裸裸，形式单一。诗人也像这里的沙漠一样，性格十分固执，期望控制和拥有。沙漠和诗人这二者在坚持自我、彼此抗争、彼此否认中，延续着这种单调的节奏。另一方面，“蒙昧时期”诗人也应对着大地的绝对性，他以偶像崇拜般的信仰与大地厮守，生于斯长于斯，大地上的一切都与他紧密相关，他记住或拥有的一切和他有着本质性的联系。因此，言说与他有关的一切事物是一种心理、生活、表达的仪式，不断地重复也就成了很自然的事情。

“蒙昧时期”的长诗是帐篷，充满了白昼的喧嚣和夜晚的幽灵，也充满了骚动和宁静、哀伤和对承诺的期待。长诗被四面的空间包围，处于炽热的旷野中。除了周遭的空间之外，长诗也是诗人的另一个空间。

"蒙昧时期"的长诗正如这一时期的生活：没有生长，也不被建构，而是不断爆发。"蒙昧时期"的诗歌是生活的图景：感性、富有比喻和物象，是即兴想象的结果，从一个念头跳到另一个念头，彼此没有关联。诗歌的目的是精确地见证周遭世界，词与物完全一致；诗歌充满了活力、跳跃和动感。因此，"蒙昧时期"的长诗是抒情诗，本质是建立在节奏韵律的基础上；它是人的能量和命运的结合体，掺和着他的岁月及熟悉的事物：长诗虽发自个人，却属于全体同胞。

"蒙昧时期"的长诗不向我们提供对世界的观念，而是给我们一个审美的世界。一般来说，观念要包括哲学立场，而总体而言"蒙昧时期"诗歌的功效不关注观念，而关注如何表达生活和现实本身。故"蒙昧时期"的长诗之美在于，与其说在表达某物，不如说在表达内心的乡愁，并向它致意；它是一种自恋的长诗，并非为了诸多主题而作。它无法用理性解释，只能用感知、冲动、人类质朴而复杂、蒙胧而清晰的总体感受来解释。它并不试图重新建构现实，而是试图与现实交谈；它不关注这种交谈是否彼此紧密关联，而是关注对现实是否忠诚不贰，因为现实本身并没有关联性。问题在于，"蒙昧时期"诗歌的功效不是重建现实，而是反映现实的苦难：诗歌的目的不是获得主题和思想紧密关联的整体，并在诗歌里感受焦虑，而是将这些焦虑、主题和思想重新放回到熟悉的生活原处。所以，“蒙昧时期”的长诗不是建构一个独立的、特别的、自足的世界，而是表达生活的一部分。长诗的路径在没有书写前就已经存在，并准备就绪，它是对事先所处的状态的具象化和展现，诗人生活在这一被歌颂并誓死捍卫它的状态中，它是对诗人生命的证明和礼赞。因此，“蒙昧时期”诗人的目的并不是改变其生命，相反，他要强调这一生命。这里，生命是一种预先被接纳的欢欣，是面对生命本身并感受其中的信仰。先有存在，继而才出现诗歌来证明这一存在，讴歌它、颂扬它，为它欢欣鼓舞。“蒙昧时期”的诗歌是射出的箭，不偏不倚，勇往直前。

二、质疑

1

从接纳到质疑，这是阿拉伯诗歌从乌姆鲁勒·盖斯[①]走向艾布·阿拉·麦阿里[②]的过程，标志着阿拉伯诗歌感觉主义的诞生。接纳的过程是满足、安宁和确信的，而质疑的过程则充满了叛逆、拒绝和怀疑；接纳是对本源的欢欣，质疑却是对本源的焦虑；从接纳到质疑是一场宿命般远离源头又渴望回归本源、栖居原乡的旅程；接纳是求稳的标志，而质疑是致变的表征。

从艺术层面看，变化表现为对阿拉伯格律诗的突破；从社会层面看，是对主流价值观的拒绝，或者说，至少是重新审视；从艺术创新角度看，时代的普遍症候就是诗人一向具有强烈的需要变革和创新的意识；从社会角度看，诗人总感觉到自我和

① 乌姆鲁勒·盖斯（'Umru'al-Qays，500—540 年），"蒙昧时期"著名诗人，开辟悬诗之先河，其悬诗被认为是阿拉伯诗歌史上经典之一。

② 艾布·阿拉·麦阿里（Abū al-'Alā al-Ma'arrī，973—1057 年），阿拔斯（750—1258 年）后期著名诗人、哲人，有"哲人中的诗人，诗人中的哲人"之誉。其代表作有《燧火集》《鲁祖米亚特》和《宽恕书》。

他者之间存在着间隙，自我形单影只，他者如一道墙壁，立在面前。社会的进步、人口的增长、人类不断涌向城市削弱了诗人和他者间的亲密度，加深了诗人与自然的疏离；同时促进、发展各种社会关系以迎合日益复杂化的社会生活带来的物质需求；还加剧了人性的裂变和失落。社会像一座漆黑的块垒阻挡在诗人和光明之间，使诗人进一步感到被围困和被钳制。对此，诗人报以孤绝、讽喻、睥睨和拒绝的强硬态度。在这样的语境中，诗人一方面感觉到自己正如艾布·努瓦斯[1]表述的那样，生活在“猿猴时代”；另一方面，感到自己超越了那个时代和同代人，感到必须强调精神的突围和个人主义的张扬。因此，真正的诗歌运动与其说是在庞杂的文化遗产中与政治、伦理和通行的传统习俗的一场抗争，毋宁说是在人类文明演进中一场与自身的较量；诗歌创作的目的与其说是为了赞美人类文明带来的诸多好处，毋宁说是诗人发自内心而创作的人性挽歌和救赎；赞美诗的主题常常用大部分读者可以理解的浅显易懂的方式来表达成就，此时，诗歌建立在他者在场而自我缺失的基础上；然而怀有质疑的诗人则扭转乾坤：诗歌建立在自我在场而他者缺席的基础上，换言之，建立在奇特、新颖、陌生化基础上。诗人与他者间的鸿沟便由此产生。

---

① 艾布·努瓦斯（Abū Nuwās，762—813年），阿拔斯早期著名诗人，以饮酒诗享誉诗坛。

2

按照艾布·泰马姆[①]的说法，与他者的疏离感和陌生感现象就是“生活生锈了”，这是存在于阿拔斯时期[②]大部分诗人经验中的基调，如艾布·努瓦斯、伊本·鲁米[③]、艾布·泰马姆、穆泰纳比[④]、艾布·阿拉·麦阿里等。

这种疏离感和陌生感主要体现在对讽喻手法的运用上。讽喻产生于阿拔斯时期，有其独特的内涵和语境，它无所不包，甚至包括对宗教价值观的讽喻。诗人们使用与讽喻相关的诸多术语和词汇，表达同一个理念，即赋予娱乐以神圣的属性。新的圣物与传统神灵分庭抗礼，以回应当时的精神需求。新的圣物最集中投射的对象就是酒，在艾布·努瓦斯作品中表现得尤为明显。酒有自己的神圣世界，这个世界有自己的首领，有自己的听众，完成自己的膜拜仪式。正如诗人艾布·哈桑·萨拉米诗中所吟：

---

① 艾布·泰马姆（Abū Tammām，788—846年），阿拔斯早期著名诗人，以颂诗享誉诗坛。

② 阿拔斯时期（750—1258年）是阿拉伯帝国的第二个世袭王朝，历经37代哈里发，前后500多年，是阿拉伯历史上最长的朝代。阿拔斯王朝最初的约100年（750—842年）是阿拉伯帝国的鼎盛时期。

③ 伊本·鲁米（Ibn ar-Rūmī，835—896年），阿拔斯中期著名诗人，以讽喻诗享誉诗坛。

④ 穆泰纳比（Abū at-Tayyib al-Mutanabbī，915—965年），阿拔斯后期著名诗人，颂诗是他的诗歌精华。他被认为是阿拉伯古代最伟大的诗人之一。

怀着思慕　我们幕天席地，

　　月华溶溶，枝条依依。

我们为四弦琴祈祷，

　　倾听乌德琴的袅袅余音。

酒友中有他们的首领，为杯盏

　　叩首跪拜，还为那悠扬的长笛。

讽喻是流亡地，诗人借此来怀疑他人，怀疑自己，怀疑诗歌。尤其在伊本·鲁米的作品中，我们能看到这一点。在痛苦伤感的讽喻中，在感到灾难降临的讽喻中，在讽喻的笑声中，周遭的世界破碎了，变成碎屑。讽喻是诗人精神需求的释义：社会以它的漠然和否定碾压着诗人，反过来，诗人以对社会的讽喻和睥睨来抨击社会。阿拉伯诗歌中的讽喻有时可以同西方悲剧相提并论。在艾布·努瓦斯那里，讽喻成为一种世界观，甚至可以说是他的人生哲学和伦理的替代物。

因此，阿拉伯诗歌里的讽喻借着引人发笑的外衣，不仅观察并表达社会问题，而且揭示这些表象背后隐藏的深层人性问题，它在威胁着世界的本质；这些讽喻不仅在批评社会现象、习俗和伦理，而且在怀疑人性本身，怀疑推动世界运行的典章制度。

这些诗人的讽喻诗有什么深刻含义？那就是诗人渴望超越

事物，怀有超越周遭的强烈意识，它赋予诗人和诗歌以不断前行、运动不羁的强音，把世界从昏庸的沉睡中唤醒，哪怕只有一小会儿。讽喻中，有种非同寻常的大勇大毅，使诗人在讽喻的感召下，敢于铤而走险；此外，还隐含着一种对精神疗愈的深切渴望，梦想有另一种秩序降临于世，人们可以在这个世界里尽情地流露出自己的喜怒哀乐。

然而，讽喻很快就被没有娱乐的严肃的一面取代。升华、以讽喻寻求救赎的风气转瞬即逝，讽喻不仅没有减轻命运的重荷，反而加深了命运的沉重。也许正是由于这个原因，“蒙昧时期”诗人被塑造成不懂讽喻、只会感到时运叵测的诗人，他们的诗是骑士精神、爱情至上、英雄主义的祭品；也许正是这个原因，讽喻在阿拉伯诗歌中持续时间不长，也正是这个原因使讽喻凝结成一种新的表现形式，我们称它为庄严、悲怆的讽喻艺术，正如艾布·阿拉·麦阿里诗中表现的那样。

3

巴沙尔·本·布尔德[①]是第一位从艺术角度来描述阿拉伯诗歌感觉主义变化的诗人。有人问他：“你的诗歌在要义练达、

① 巴沙尔·本·布尔德（Bashār bn Brud，714—784年），阿拔斯早期著名诗人，被认为是阿拔斯王朝革新派诗歌的先驱。

辞藻隽永方面胜人一筹，是什么原因？”他答曰：

> 因为我不仅仅接受直觉给我的示意、天性给我的低语、思想给我的念头，我还仔细审视智慧的园地，探寻真理的宝藏，感受比喻的意趣，只在怀有强烈的表达欲望时，才去表达欲表达之事，并认真揣摩，仔细甄选，揭示语言的真谛，避免矫揉造作。以安拉起誓，我对自己的创作还不够满意。①

从巴沙尔的回答中，我们可以总结出诗歌变化的一些征兆：诗歌之于诗人已然变成了一门艺术，诗人不仅仅要有心之所念，更在意如何表达，诗人不再仅仅接受“天性给我的低语”；诗歌开始审视真理，唯真理而求成为一种态度；诗歌作为一种艺术，有其根本的独特性，那就是不断超越，向往更广阔、更新奇的天地，艺术家对自己的作品总感到“不够满意”。

一些阿拉伯批评家们敏锐地意识到巴沙尔的重要性，称赞他为“革新派鼻祖”“第一位创新家”。但是他们对巴沙尔的现代性和创新性的理解只给了“描述新奇”的评价，即他使用了前人不曾使用过的比喻。这种理解只意识到了巴沙尔诗歌形式

---

① 哈斯里．文学之花（第 1 卷）．开罗：开罗书局，1935: 110.

的重要性，没有意识到他其实开启了阿拉伯诗歌的新篇章。因为，巴沙尔的回答表达了阿拉伯诗歌的要义，动摇了传统诗歌创作方法的理念，对先前确信无疑的法则提出了质疑。如果说巴沙尔对诗歌的“形式”和“创作方法”提出了质疑，那么艾布·努瓦斯则从诗歌的“立场”和“内容”两个方面提出了怀疑，他反对诗人对“没看见”的事物，也就是“没感受到”的事物评头论足，一个诗人怎么能按照别人对所见事物进行描述的方法来描述自己没有看见的事物呢？他在诗中吟道：

描述废墟仅凭听说，
　　怎如亲眼所见意义明了？
因循他人不假思索，
　　难免不犯失误生搬硬套。

4

对阿拉伯诗歌原初的意旨提出质疑的还有艾布·泰马姆，他的回答完善了这个问题的答案，当有人问他：“你为什么不说出明白的事物？”他反唇相讥：“你为什么不明白说出的事物？”[①]

① 苏里．艾布·泰马姆轶事．开罗：翻译与发行印书局，1937：76.

我们从以上三位诗人对阿拉伯诗歌的态度，可以总结出以下几点。

第一，诗歌是一门寻找、质疑、超越的艺术；

第二，诗人应该有自己的创作方法来表达个人的生活经验，不应该承袭现成的模式。诗歌没有普遍的、终结的法则；

第三，读者应该提升到诗人的高度，而不应该让诗人去迎合读者，以大众熟悉的方式作诗。也就是说，诗人有一种区别于大众语言的特殊语言，知识分子和非知识分子是有区别的。

这些问题和由此衍生的相关问题，便是阿拉伯诗歌转型的核心问题，批评家们把它们统称为“突破格律诗问题”。

艾布·泰马姆痴迷于标新立异，极力摆脱一切窠臼。诗歌对他而言，是一个意义陌生化的世界，“充满奇幻和瑰异”，它像星辰一样既遥远又贴近[①]，它是魔幻，是童真，是诱人的蜃景[②]。

这样的诗歌才具有冲击力，在诗歌及其理念和审美上颠覆了受传统和成规影响而固留在人们脑海里的意象。艾布·泰马姆的诗歌就是这样的，它讲究用词新奇，冲破传统诗歌要义，在他看来，一首诗不再是水平展开，而应该向纵深推进：应该是由意义、想象和情感织成的网络，不再仅仅是随着情绪波动

---

① 艾布·泰马姆在诗中吟道：如星辰，你走，它也走，/ 你止步，它落座。

② 艾布·泰马姆在诗中吟道：魔法师般的诗人，让色彩变为纯白，/ 令人神魂颠倒，迷惑受骗。

而外溢的事物，而更应该在深思、意识和探寻层面上步步展开。天赋如果没有审视、选择、协调、组合的文化做支撑，那么它也只不过是股无形的能量。这些文化包括：从艺术层面，调动耳朵、眼睛、记忆、心灵和肌肤一同参与创作；从历史层面，在过去、现在和未来之间穿行，以便能够理解历史、超越历史；从精神层面，要有一股敢去开拓的大勇大毅，探索由无数个开始构成的精神世界。

艾布·泰马姆创造了一种与日常生活语言、主流诗歌语言不同的新语言，使诗歌要义与习以为常的意旨不同，诗歌意象和表达也与以往不同，诗歌变得蒙眬。然而艾布·泰马姆的蒙眬来自他的深思熟虑，并不意味着他精神的混乱和表达的虚弱。他的蒙眬并不幽暗，反而通明透亮，正如科克托评价马拉美时说的那样“如钻石般蒙眬”。每一位大诗人都应该具有像钻石般蒙眬的才华。

艾布·泰马姆以前诗人的描写只是对现实的感性描摹，但在这位大诗人手里，世界被重新创造。他之后出现了许多诗人，最突出的是谢里夫·里达，他们超越事物的表象，直抵事物的本质，在他们那里，写景咏物是对大自然的重塑，是一门把大自然进行重构的艺术；描写是一股巨大的启示性能量，它使万物栩栩如生，变成了能读的名词、能跑的动词。

艾布·泰马姆是阿拉伯诗歌的新开端。也许他的诗歌败笔多于成功，但他的所有作品都是原创的，他不受情绪驱使，不是来回摆动的跷跷板，他是第一个为自己打造一副艺术镣铐并带着它起舞的阿拉伯诗人，他像尼采所说的那种人，是自己创作的囚徒，一种锐气的意志驱动着他的诗歌创作，摄人心魄的构思控制着他。首先他静默于艺术的困扰，对他而言，诗歌不是生活的俘虏，相反，它俘虏了生活，它调控生活、选择生活，按照艺术的特性创造生活。艾布·泰马姆擅长美学：他同自己的意象和意义就像恋人一样，与它们同枕共眠，通过他那丰饶而透亮的蒙胧，通过他那矛盾的意象（下雨的晴天、漆黑的光亮……），不仅把目光投向作诗的材料，而且投向如何运用它、构建它、创造它；借此，艾布·泰马姆独辟蹊径。这是一条不能驾轻就熟的险途，诗人好比一棵生长出奇异果的树，然而需历经千辛万苦方能结果；诗人唯一亏欠的就是他自己，“他成了另类”。

他所做的一切为象征性诗歌和明澈的诗歌铺平了道路，他是分水岭，他之前的诗歌讲究循规蹈矩、协调自洽的本领，而他之后则注重奇异瑰丽和出乎意料的才能。

5

艾布·泰马姆的诗将诗歌从“现成的模式”中解放出来，

而艾布·努瓦斯则把诗歌从“现成的生活”中解放出来，按他的说法，从“时代新奇”中汲取灵感。他的诗见证着变化，是转型的及时表达，他的第一声呐喊——“我有我的宗教”也是现代世界的呐喊，这一点我们在后来的法国诗人波德莱尔那里找到了相似之处。

“我有我的宗教”意味着诗人转向人的内部世界，发出烛照内心的声音，此时，诗人超脱于外界及社会伦理和习俗的规约，有了独立的自我主体，诗歌得到了净化，诗歌是挽歌，是救赎之路。

艾布·努瓦斯和他的先辈们一样，意识到时间是一股洪流，可以荡涤一切；同时也意识到时间给予万物以生命和力量，为我们展示往昔生活的深度、未来生活的广度，以及当下生活的密度，时间控制着我们，时间把我们带到了这个世界，又把我们搁置在这个世界，对我们撒手不管了。那么诗人的作用就是在时间的洪流里，以他全部的生命力，参与到成为“完人”的事业中，在欲望和红尘间挣扎。诗人有着双重特性：一方面肩负着历史重任，融入历史中，另一方面，又要与历史保持距离，甚至要与它保持陌生。诗人只有在寻找第二次生命时，才被生命牢牢抓住。

在艾布·努瓦斯诗中，只有当下才是丰饶的、富足的、确信的。只有在此时，人才能拥有自己、掌控自己；只有在此时，他才知道要什么、选择什么，他所选和所要的可以补偿未来的失落。同样，他也不怕受罚，甚至明知要受罚仍旧义无反顾[①]。

只有活在当下，任死亡之风抛来掷去的人才能找到救赎之法，诗人召唤陌生的死神，将它驯养，赶走它带来的恫吓和失落的恐惧，死神成了他的密友。他以意志力与死神交锋，不卑不亢，与其遭受时时刻刻的死亡威胁之累，不如向死而生。诗人“以毒攻毒”。

由此，艾布·努瓦斯这个受死神威胁的有限的生命体放飞了自我，尽情感受生命的欢欣、喜悦和乐趣，从逻辑思维的蜃景中救赎出来，确信问题不在于逃避，而在于始终要以深入的思索和宽广的胸怀面对未来。这是线性的时间，这是精神的在场，这里可以实现他无能为力的事情：始与终、生与死发生在同一时刻。

对艾布·努瓦斯而言，问题在于如何充实地活着，如何活得有质量，如何将时间的块垒转换成生命的价值，而不是寿命有多长。他并不在乎生命本身，而在乎其价值如何。由此，他以梦来替代记忆，以确证来替代幽玄，以冒险和求欢来替代回忆和思念。他的诗歌就是将整个时间作为当下的艺术，当下是无限绵延的、闪闪发光的，是与实际时间同时发生的另一个时

---

① 艾布·努瓦斯在诗中吟道：如果你俩不想跟我共饮 / 害怕受罚，那就让我独斟独饮。

间，这是陶醉和痴恋的时间。

痴恋淹没了时间，超越了时间。这是大地的天堂，建立在奇幻的世界里，建立在不知时间为何物的魔法时间里，这里，时间的功能发生了变化：将通常的死亡工具转换成享乐工具。

在象征的语境里，艾布·努瓦斯获得了创作经验，借着诗歌、诗人的梦境以及与自我一次次相遇的力量，世界和大自然似乎合二为一。这里，人和大自然非常相似，诗人从中汲取养料，获得了隐喻、借喻、借代、意象等修辞格，诗歌是一种发现，找到人之属性与世界之属性之间内在的关联。在艾布·努瓦斯的诗里，大自然并非我们所见到的样子，它的存在具有功能性：它是无穷无尽的相似物与对等物的储藏库，每样事物、每项运动、每种颜色、每种气味，在人的心中都能找到它在大自然中的对应，或曰相似物。精神统领了世界，一切都是精神的投影和手段，大自然不再是客观之物，而是象征、词语和意象，这些成了主体，成为大自然的延伸，成为人的延伸。

对相似物和对等物原则的认知也在艾布·努瓦斯之后的许多诗人那里突显，这些诗人的经验，尤其是艾布·菲拉斯[①]的个人情感模式揭示了人与大地、万物的关系，暗含着浪漫主义的征兆。我们可以认为艾布·菲拉斯在监狱里和他的邻居——

① 艾布·菲拉斯（Abū Firās al-Hamdānī，932—968 年），阿拔斯王朝后期著名诗人，有《罗马集》流传后世。

鸽子——低语的那首诗是第一首现代意义上的阿拉伯浪漫诗歌，甚至可以说，他那些哀悼已逝青春的大部分诗歌都具有浪漫主义色彩。

诗中，生命是梦、思和周遭世界的聚合体，此时的诗人已寄情于景，物在移情的作用下被拟人化，诗人重新发现了大自然，所见之物皆为人和他的影子；诗中的大地不再是残酷之所，而是甜美之乡，在艾布·菲拉斯眼里就是挥之不去的故乡——阿勒颇。他以精美的意象描写道：

心系故土难远行，

　　恰似驼崽步难移。

又如石子抛空中，

　　飞出多远终落地。

再如，酒在艾布·努瓦斯眼里就是万变之源，是诗人的爱恋和信马由缰的想象的化身，是灯盏，是清晨，是原初的语言，是知识；酒有双目，连酒樽本身也是容纳行星的容器，握樽之手是星座：

杯盏里有行走的星宿，

　　我们的双手也成了星座。

此时，酒有了自己的异度时间——没有夜晚的光和太阳的时间：

夜不再降临，
　　夜是把酒者的白昼。

酒不仅是万变之源，更是致变的动力，它赋予饮者驾驭时间的能力：“他们能把乾坤扭转”：

时间之屋围绕着青年，
　　他们能把乾坤扭转。

这股力量可以颠覆主流价值观，把丑的变成美的，病态的变成健康的：

不要埋怨我被它惑诱，
　　它让我看见丑时不觉丑。

它改变人生，令人活出希望：

宁愿我的生命丰富而短暂，

　　不愿它在漫长却狭隘中留恋。

酒是身体的第二重精神：

不断从酒魂中汲取精神，

　　以它的血滋养我受伤的躯体。

酒具有戏弄时间的魔力，让饮者感到：

酒一沾口人放松，

　　放下负担一身轻。

不知今夕为何年，

　　不辨白昼和夜晚。

这种变革的力量是生命力和行动力。诗人在此挑战传统信仰本身，人们越是谴责的事物，他就越喜欢，“他们诽谤我表彰。”酒对他而言是圣物，饮酒对他而言，带着仪式的光环，如一项神圣的宗教庆典，他把神秘的传统仪式带到酒宴上，酒宴是高贵的，“不欢迎卑鄙小人”：

我让杯盏远离卑鄙小人，

美酒好似由我的骨髓酿造。

给像我一样的青年斟上，

高贵之人才配得起这杯中佳酿。

因此，他的酒友们都是他精挑细选的。

艾布·努瓦斯是个不怕犯忌的诗人，因为他崇尚自由，当自由的大门被关闭时，禁忌事物也变得神圣，艾布·努瓦斯只喜欢禁忌的事物，越是禁忌的他越喜欢：

我高贵的心不愿屈服，

只相信一切被禁忌之物。

这种犯忌的错误可以给他带来快乐，对此他极尽赞美，他再也不满足于犯一般的禁忌，而是追求超常的大忌，并以此为荣，甚至愿意为之错上加错。在他生命里，犯忌对他而言是人之本性，它象征着自由、叛逆和救赎。

这些禁忌在被称为“迪克金”的诗人阿卜杜·萨拉姆·本·拉赫巴尼[①]那里变成了被颂扬的事物。他认为自由和荣

① 阿卜杜·萨拉姆·本·拉赫巴尼（Abud as-Slām bn ar-Raghbān，778—851 年），阿拔斯王朝时期叙利亚霍木斯城诗人，自称“迪克金”，意为“精灵公鸡”。

耀是人的精髓，是对至高和绝对的追求；推动犯忌的力量是爱，而不是恨。“迪克金”以神圣的爱之名，杀死了他的挚爱，这种爱是不能接受错误的，哪怕是很小的错误。他的爱不承认失败。因此，当他失败时，为了保全爱情的纯洁，唯一的办法就是自裁。因此，他把有瑕疵的挚爱杀死了。

“迪克金”也是一个犯了禁忌的诗人，一个活在当下的诗人，只有新欢没有旧爱，他认为复活是一种神话，他相信现实的炼狱，为此，他义无反顾地选择走向永恒的炼狱。

如此，艾布·努瓦斯强调诗歌应该与道德和宗教分道扬镳，他拒绝他的时代，宣布新的道德伦理，即言行自由的伦理，允许有过错的伦理；艾布·努瓦斯的作品独树一帜，引起了轰动，推动了社会发展。他遗世独立，充满魅力，也充满激情，以此与社会和传统道德抗衡。努瓦斯式的人是与自我共舞的人，把世界当作自我在场的明证，嘲讽那些自诩拥有终极“普世价值观”的人；努瓦斯式的人以自我的宗教而不是集体的宗教来面对安拉，将自己的无辜和错误摆在安拉面前。也许正是这一点，使得艾布·努瓦斯成为我们诗歌遗产中现代性的优秀典范。

艾布·努瓦斯的另一个观点是，将各种现象转化成各种意象和象征，将其看作是感性背后隐含着的另一个世界的反射和投影。在他的诗歌里，大自然是一面精神之镜，是显现想象世界、幽玄世界的空间，他爱的人和事物都生活在这个大家庭空间里。他的诗歌是实现深度梦境的旅程，梦想着一个神秘宇宙，在其中，人和万物在精神的统领下毫无二致。他深刻意识到物质和精神的关系，理性和本性的关系，清醒和昏聩的关系，酒和快活的关系，身体之恋和精神欢畅的关系，这是一种身心统一的感受，是那个时代阿拉伯诗歌中最重要的诗性发现。世界充满了恩泽、仁慈和友善，其使命就是激发万物，给予它们能量。世界的友善是努瓦斯式的欢畅之源，它使周遭黑暗的物质世界得到极大澄明，并被赋予新意。

艾布·努瓦斯的诗歌解答了一个急需回答的人生问题：走向最深远的人类本质世界，生活在稀有的精神状态中，在此，人与时间和永恒相遇，主体与客体不分，诗歌创造的意境变成了更加真实的现实，拒绝一切阻止人自由的力量。艾布·努瓦斯的每首诗都是驱散黑暗和精神块垒的赞歌，故而，他的诗歌具有神圣性。

于是，诗歌实现了它的使命：让世界充满爱的魔力，云朵、流水、城市……诗人周围只有爱和爱的和风：

> 我周围吹拂着爱的和风。

6

在穆泰纳比的诗中，对社会的反叛具有更鲜明的个性和意义，他特立独行，建构了一个确信、自信、睥睨一切的世界，以此与对手们抗衡。诗人在字里行间拥抱自我，与自我私语，与自我对话，语气中充满了对自我的崇拜。他的诗歌是一部关于人性至伟的传记，充满了有限和无限的辩驳：一方是人类永无止境的宏图大志，另一方是阻碍人类实现这一志向的腐朽世界，二者持续较量、抗衡。穆泰纳比甚至还欲求时间达到它达不到的边界。他的诗歌走向无限广阔的天际，令人无法驻足、无法放松。由此，生命对他而言是一次次的开始，是一项没有尽头的开放式的工程。

一旦感到空间逼仄，时间老迈，他就开辟无拘无束、辽阔无边的新时空。因为他心中只有一个念头：走向更深的开始，开辟更纯洁的处女地。

穆泰纳比还认识到，必须牢牢抓住当下的可能性，因为它稍纵即逝，很快就会变成腐臭的死水，停止不动就意味着无能无为。为了拯救死水于腐臭，穆泰纳比就须做出超常的行动：为其注入柔韧、绵长、顺应的灵魂，以此作为未来的起点。穆泰纳比的诗是一首首这一起点的赞歌，它不断升华，汹涌澎湃，抚平世界和人们的皱纹，让词汇的行列与大地的行列彼此拥抱。

穆泰纳比以他的勃勃雄心创造了一个完全由词汇组成的大自然，它婀娜多姿，不断前行，涤荡一切，进攻、征服、超越……词语世界似乎是诗人内心的延展和完善。这些语词也通过穆泰纳比的想象和雄心壮志构建了一个神话世界，其中回荡着远古的回声、喧嚣和呐喊，也充满了王者的沉默。

穆泰纳比是一个桀骜不驯的灵魂，聚集了尘世间的万千气象。他是独行侠，唯一的独行侠，所以他是宿命的，因为每个个体都是自己的“密友”。每一个特立独行的人都是唯一的存在，每一个生灵都是独一无二的：风具有扫荡一切的个性，大地具有沉默的个性，天空具有暗黑中闪闪发亮的个性。穆泰纳比的个性就是愤怒，没有什么能满足他。但他不逃避世界，不苟安偷生，他不是封闭的王国。他敢于直面世界，敢于玩世不恭，敢于超越现实，同时，他得承受巨大的个体痛苦：那种高处不胜寒和内心始终如临深渊的悲苦。当崇高想抓住第一束火焰时，就已然成了悲剧，因为这是个欲与遥远的边界结成盟友的个体：非胜即死；这个个体追求崇高、至上，想拥有掌控世界、扭转乾坤之力。这是更宽广的国度。

他将选择孤独，并坚信只有心存理想才能变得伟大；他忧心忡忡，随风飘荡，远离祖国，众人皆醉他独醒，他们皆为渺小之人，“是最有权敲打偶像头颅的奴隶兼牧人的羔羊。”而女人只不过是过眼云烟，是动物本能带来的须臾欢快。在他眼里，他是永无尽头、无法命名、无法计量的个体。

也许他会劳己身体，苦己心志，直至两鬓苍苍，但有一股永不衰老的精神气象和永不枯竭的生命源泉推动着他。连死神都呵护他、拥抱他，成了亲近他的朋友，甚至成了良药，来治愈他的身心，由此，“时光也奈何不了他”，他心如止水，在场与缺席、生与死、喜与哀对他来说都一样。路啊，你想成为什么都行……或生或死，都没有区别。

穆泰纳比式的人是不靠岸的波浪，处在永恒的潮起潮落中。他是第一位敢于冲破自足自满窠臼的阿拉伯诗人，将有限转化为无界的天际。他的诗为变动不居、热情激扬、充满理想、不断超越而作，它是我们阿拉伯诗歌中致变的火炭，是炽热燃烧永不熄灭的火炭，是人类发自心灵深处的海啸，而最先被这场海啸淹没的就是死神。

7

渴望陶醉、变化、突破是对社会抗争的另一种形式。它的使命是撕开遮蔽日常现实的帷幔，进入隐秘世界。渴望是人类的天性，人总是渴望超越事物的表象，看到其本质。诗歌的使命就是为从表象世界进入隐秘世界开辟道路，使人类摆脱迷障。由此，诗歌之于人类就好比是给予这个世界的精神养料。

因此，诗歌是突变的、陌生化的，是逻辑、格言和理性的敌人。只有这样，我们才能与诗歌一道进入隐秘的禁区，与奇异的神话同行，将陌生与熟悉、清晰与蒙眬、有序与混乱、真实与幻觉、内与外、主体与客体、昼与夜、现实与梦想融为一体，将内部世界及其变幻看成是唯一的现实，继而宣布：世界万象只不过是精神的爱恋和痴情，正如伊本·巴比克[1]所吟的那样："我们把爱恋视为人主"。

我们把伊本·巴比克这首建立在爱恋之上的诗歌描述为一次内心之旅，伴随它的是对生命的想象和绝望，以及对救赎的渴望。

伊本·巴比克何止是绝望，他简直就是为绝望而生的，称自己为"绝望之子"：

我是绝望之子，自嘲空有一腔抱负，

若君王想对我置之不理，那我也绝不在乎。

从一开始他就拒绝世界，爱恋绝望，同情绝望，视绝望为自己的"同胞兄弟"：

绝望是我的同胞兄弟，

众人的运气于我遥不可及。

---

① 伊本·巴比克（'Abdu as-Samud bn Mansūr bn al-Hasan bn Bābik，?—1020年），阿拔斯王朝后期著名诗人，他的诗主要表达对当时社会和人性的理解，也写一些颂扬诗。

他在绝望的荫庇下，活得十分开心，并享受其中；绝望之幔恢恢乎无所不在：

> 我沉醉于绝望，它是心中幔帐，
>
> 　　在每一处为我立起，唯我独享。

也许有些人试图得到心满意足的生活，诗人痛斥那是“自欺欺人”：

> 你受骗了，底格里斯河没有为口渴者
>
> 　　提供水源，更没有现成的琼浆。

尽管祖国宽广得连大风也会迷途，但在他眼里却小得像个盘子，让他无法容身：

> 伊拉克的盘子容不下我，
>
> 　　即使能折断树的大风也会迷途。

当诗人面前除了绝望别无所有时，他该做什么？他去创造另一个世界，去开辟另一条道路，去寻找让头脑“飞翔”的事物，可以跨越高山大海。他可以心游万仞，精骛八极，可以“踏浪”驰骋西东，也可以“腾云驾雾”，扶摇直上碧霄：

大地宛如浪花翻滚，我踏浪，
　　随波逐流游荡东西。
星宿与我比肩而行，我步云，
　　腾云驾雾直上霄际。

生活本身也如浪花，裹挟着他向前。有时，他用另一种方式，骑着骏马穿越云层，遨游万里。在那个世界里，他和星星攀谈，自己也成为其中的一颗，加入太阳系行列。他成为自己世界的一部分：银河系的一颗星，那里有他独辟的蹊径：

太阳升起我复出，
　　星星隐没我藏起。
我是银河一星辰，
　　那里自有我径蹊。

那是以尘世的虚无换来的真实存在，那里有生活的乐趣、爱情的渴慕，他可以像鸟儿一样婉鸣。他变成了魔术师，他可以随心所欲，可以扭转乾坤。

他有什么可抱怨？抱怨人间无知音吗？没关系，让他的诗如闪电般划过青石：

若我的诗无人问津，

　　就让它如闪电划过冰冷的石。

他知道自己没有问题，唯一的问题就是为诗感到不幸，他浑然不觉地为诗滴血。他唯一抱怨的是自己怀才不遇：

我唯一的毛病就是，

　　情不自禁地为诗滴血。

这个时代唯一令我痛苦的是，

　　我不是它的风流才子。

这些令人惊叹、难以理喻的奇思妙想正是他对生活绝望的抗争，它爆发于这个被痛苦笼罩着的大地，以拯救我们心之所往的自由，治愈在这蝇营狗苟的社会里生活的痼疾。

诗人的想象为我们描述了一个向往的世界，似乎我们已经抵达了那个哪怕生活片刻的地方。这一艺术手法并非取自神话或民间传说，而是来自诗歌的魔幻世界，一种清醒的梦呓驾驭着诗歌，使生命的秘密昭然若揭，如空气一样为人熟悉。

8

艾布·泰马姆说:“最后的神兽是死亡。”死亡追逐着人类,连生命本身也是地球上的死亡,或曰“死之云翳”。艾布·阿拉·麦阿里说:“这些都是真理,那么忘却它、忽略它会有何益?”让我们来看看他的经验。

如果说艾布·努瓦斯并没有悲观到极点,他的灵魂仍然在与罪孽、现世享乐和末日审判展开对话,那么艾布·阿拉·麦阿里则不然,他超越了疆界,生命之于他,不仅是今天,而且包括死后的明天,他在内心已设置了地狱,并深入内里,与死亡对话,与死亡交友,期盼死亡,召唤死亡,甚至融于死亡。

他首要的直接的行为就是清心寡欲,看破红尘,因此,他喜欢独处,离群索居,厌倦了与人类打交道,认为这是累赘,生命之于他全是“疲惫”。在他看来,世上最奇怪的事莫过于还有人喜欢长寿,因为寿命有多长,痛苦就有多久。

艾布·阿拉·麦阿里并不是第一位主张清心寡欲的诗人,在他之前有个叫艾布·阿塔希亚[1]的诗人就以振聋发聩的声音发出了这样的召唤。他说,人孤单地“下沉”到凡尘,又孤单地离去,一无所获,唯有掩埋坟墓的一抔黄土。土地下昔日的容

---

① 艾布·阿塔希亚(Abū al-'atāhiyah,748—826年),阿拔斯早期著名的苦行诗人,有《格言集》流传后世。

颜变质腐烂，曾经的芬芳变成恶臭，柔软的肌体化为碎屑，只剩下被虫蛀烂的头颅和骸骨，坟墓是人唯一的归宿。真正的救赎便是在凡尘建立一个神圣的宇宙，待真正的死神来临后，引领我们抵达来世。

如果说艾布·阿塔希亚建构的神圣宇宙始于尘世苦行，那么艾布·阿拉·麦阿里的宇宙则始于死神，死神是他得以升华、疗愈、拯救自己的唯一的灵丹妙药，他认为自己是生活在死牢里的囚徒，生命一滴滴耗尽，为此，他深感悲哀。他在没有入坟墓之前就已经死亡，生命之于他就是苦苦追寻的死亡：死后穿的衣裳就是殓衣，死后居住的地方就是墓地，生就是死，死就是复活，就是回到生命的原初。既然如此，人为什么不渴望真正的死亡呢？为什么要生活在虚幻中呢？存非存，存在于此时此地是暂时的，存在于彼时彼地才是根本的、永恒的。不仅如此，人还要与“主创造的另一个肮脏之物”共同生活，连大地都被这个纯粹的肮脏物玷污，不再洁净，除非人类从大地上消失。人是被诅咒的异乡人：陌生地降临于世，又陌生地离去。有人说得好：“人类是最坏和最卑鄙的树结出的果。”

连石块都比最好的人要强：它不会欺负人，也不会撒谎骗人；国家是个牢狱，死亡才能让人获得释放；坟墓是人唯一的堡垒，人之死如果能像树一样被连根拔起、不留根蔓，那该多好啊。

在艾布·阿拉·麦阿里看来，死亡多么美好，其意义多么丰富！唯死亡之人才能安歇，回到原初，得以净化，得到治愈。生是疾病，死才是良药。死亡是生命的庆典，只有毁灭才能丰富人生，如同麝香在被碾磨后才芳香四溢。甚至说，死亡是所有生物之本能：生物在永恒的欲望中成为死的伴侣。

艾布·阿拉·麦阿里因此向死而永生，他呼唤，死神快来吧：

我的身体是大地上的补丁，

世间的裁缝啊，请把我缝补。

这就是人：宇宙织物上的补丁，破碎后无法复原的玻璃。因此，时间最有可能被认为只不过是一场游戏。

这就是荒诞的世界，人从里到外都无根无系，生命本来就是腐朽的，就好像人生来就带着原罪。

艾布·阿拉·麦阿里的诗揭示了生命原本的残缺，生命从本质上是缺失的，不仅是现在，而且在过去、将来亦如此。而世界和历史只不过由一系列持续性的在场的缺席交织而成，人在不断的跌落中等待他的末日。因此，艾布·阿拉·麦阿里希望死神快点来临，似乎在拒绝延时的存在。

艾布·阿拉·麦阿里是我们诗歌遗产中第一个形而上的诗

人，他迷恋回到大地母亲的怀抱，迷恋绝对、时间、死亡、毁灭、永恒这些形而上的思索。他是形而上的诗人，而不是哲理诗人，形而上的思想是对世界的深思，而哲学不仅是深思，还包括给出看待世界的方法和纲要。艾布·阿拉·麦阿里没有指出方法，他只是提出一些形而上的本质问题，讨论这些问题，从中得到启示，以此证明那些充斥于他信仰中的真理。诗中，他用的是平和的语调，那种知晓真理的语调。他对思想的探求远远胜过对感知的探求，即意义是他首要看重的问题。也许正是这一点解释了为什么他没有像艾布·泰马姆、艾布·努瓦斯那样留下影响后世的艺术传统。他是独一无二的一个人的世界，不仅与之前的诗人迥然不同，与同时代的诗人也大不一样。

艾布·阿拉·麦阿里是人类荒原中高高立起的孤塔，从每个方向都能看见他立在那里，闪闪发光。

三、藻饰

从接纳到质疑再到雕琢辞藻，后者作为一种潮流在阿拉伯诗歌史上延续了9个世纪（1000—1900年），占据了主导地位。

这时期，诗歌延续了阿拔斯时期占主流的两种倾向：生活主义和唯美主义。前者把诗歌作为日常生活的一种，后者则相反，把诗歌作为一种艺术。于是阿拉伯格律诗在漫长的9个世纪里，成为集语言和生活于一体的极尽优雅和雕琢的艺术。

辞藻的雕琢和浮华映射出当时虚伪、玩乐、奢靡之风的盛行，这些都是现代城市生活带来的必然结果。我们可以把这9个世纪的阿拉伯诗歌描述为城市诗歌，雕琢辞藻与其说是诗歌的特点，毋宁说是这个历史时期社会生活的症候。它产自特殊的社会历史环境，通常是停滞和衰落时期的表现。雕琢辞藻很少发生在革命的氛围里，它是一种玩弄浮华形式的游戏，来自恬静、舒适、安逸的环境，而绝非出现在大爆炸、大变革时代。

在这9个世纪里，阿拉伯人的精神生活衰退了，成为宫廷、花园、女奴以及与女奴有关的一切的俘虏，世界由广阔走向狭窄，由开放走向闭锁，由团结走向分离，诸侯割据，当权者贪图权势，各怀意图，争权夺利，追求享乐放纵的物质生活。诗歌遗产本身也所剩无几，除了穿上浮华雕琢、矫揉造作的新外衣之外，别无创新。诗歌形式上极尽造作、玩弄辞藻之能事，极力满足都市、宫廷生活所需要的奢华。奇怪的是，数次“十字军”东征以及由此引发的阿拉伯人抵抗、击退、消灭外族侵略的战争，竟没有激发出阿拉伯诗歌的力量，将诗歌推向新天地，哪怕至少带来一星半点可以称之为创新的东西。

同样，都市生活已经变成了一件时尚的外衣，格律诗其意旨也不再关注诗人、听众、读者，也就是说，诗人也好，听众也罢，大家都只关心如何雕琢那些外表华美的格律诗。都市生活是贝都因[①]游牧生活的反面，造作的诗歌也是本真诗歌的反向。过分地追求诗歌技巧、追求表面的光鲜有时达到了矫揉造作的地步，而只有源自本真的创作才可能才思泉涌、简洁明快。如果说源自本真的诗歌其词语是火花，是波浪，是飓风，能与其他词语汇集成咆哮的大河，那么造作的诗歌其词语就是玩偶，是打磨平滑的卵石，是与其他词语连缀而成的一串项链或首饰。

由此，格律诗可以定义为一种话语的制作，如果话语如同伊本·拉西格[②]所说的那样，是“彼此开放的系统”，那么诗歌在这 9 个世纪里就被理解为一门精致的词汇产业，词汇彼此之间是开放的，人们接受了伊本·拉西格的说法：“人工制作胜过了天作之合”，他转而又明确地说：“我们并不鼓励这样的做法：一联诗本来是浑然天成的上乘之作，可是其意旨经过精美的修辞之后看不出任何造作的痕迹，似乎雕琢后的诗歌成了最好的。”

---

① 贝都因人，属于闪含语系民族，阿拉伯人的一支，是以民族部落为基本单位在沙漠旷野过游牧生活的阿拉伯人。

② 伊本·拉西格（Ibn Rashīq，999—1063 年），阿拔斯王朝中期著名诗人、文学家。

按照这种诗歌批评观点，当时的阿拉伯诗歌就成了话语制作的艺术，它是词汇在头脑中的演习，词汇在这里只是手段，是一种涂抹的色彩和粉饰的元素，词汇不再是目的本身，自此，诗歌的标准就是跟风，跟上时代，迎合听众。伊本·拉西格就此说道："诗歌变成了最能应景的艺术，诗人的诞生恰逢其时。"他还说："诗如其人。"当要赞美一位诗人时，莫不如说："他应时应景而作。"这一诗风使格律诗变成了由"绵软话语"或"通俗意义"织成的奢华锦缎，诗人也变成了伊本·瓦基阿·泰尼希[①]所说的那种"是迎合听众喜欢的歌唱家"，格律诗朝着软言细语、甜美悦耳的歌曲方向发展，诗歌完全沉溺于感官享受和及时行乐。

矫揉造作是形式的游戏，由此，诗歌形式在这 9 个世纪里有所发展，支离破碎的轻律占了主流，以便迎合快速变化的都市生活节奏，可以使用方言，尤其在"彩锦诗"和"杜比特诗"[②]里。诗人们开始用方言来作多种多样的诗，比如俚谣；一首诗里有不同的韵律和韵脚，比如"彩锦诗"，它的结构、韵律多种

① 伊本·瓦基阿·泰尼希（Ibn Wakīʾal-Tanīsī，？—1003 年），阿拔斯时期著名诗人、文学家、评论家，有"花酒诗人"之称，其诗作大部分已遗失，留有文学批评著述《穆泰纳比诗评》。

② 一种受波斯文学影响的阿拉伯格律诗，产生于古典晚期，以两联两联的形式排列。

多样，有“五行诗”[1]“双韵诗”[2]等。诗歌形式上的翻新花样在嘎迪·法迪勒[3]诗里达到了顶峰，他的诗歌由散文体和韵文体交织而成，每联诗句的头半联均为散体，后半联为韵体，散韵结合。

至此，诗人们觉察到一首诗里必须要有统一的主题，于是乌萨马·本·蒙齐兹[4]将自己的一首多元主题诗歌分成若干部分，分别收录进同一主题的章节里，开辟了主题统一的诗风。

雕琢辞藻还朝着外部世界发展，把外部的事物看成是独立的存在，诗人们用词汇来营造这些事物的影像，或类似的存在。这便是阿拉伯诗歌熟悉的主题——“写景咏物”，在这一阶段尤甚。阿拉伯诗人非常注重对事物本身的描写，而不太注重对事物发展变化的描写，他把事物看成是静态的存在，而不是发展变化的过程。由此，他关注的是大自然之物，如鲜花、河流、园林、树木、云彩，日常生活中的种种，从最简单的到最复杂

---

① 阿拉伯人用一个拜特（بيت）表示一行诗或一联诗。拜特也叫联句，一个“拜特”相当于汉语古体诗的一联，一联由两个半句组成。这里我们参照仲跻昆先生的译法，将两联半的诗歌翻译为“五行诗”，也可译作“两联半”“五半句”。还有学者采取音译法，译成“穆罕麦斯”。

② 产生于安达卢西亚时期（711—1492 年）的一种格律多变的韵体诗，有别于同一格律、一韵到底的传统“柱形诗”。

③ 嘎迪·法迪勒（’Abdu ar-Rahīm al-Baysānī/Qādīal-Fādīl，1131—1199 年），萨拉丁·艾尤比时期（1171—1250 年）萨拉丁君王的大臣，著名诗人、文学家和政治家。

④ 乌萨马·本·蒙齐兹（’Usāmah bn al-Munqiz，1095—1188 年），萨拉丁·艾尤比时期著名诗人、文学家和历史学家。

的，而首先关注的就是女性的身体。

这一阶段男女关系突显为性、享受和玩乐的关系。爱情，如果还能称之为“爱情”的话，通常情况下它就像是与心灵无关的游戏；爱情完全变成了身体本能，抵达本能的最深幽、最复杂之处；爱情是一种雕饰与浮华，涂上了心智的色彩；爱情成为生活、人类、大自然拼凑在一起加工而成的东西，与心灵无关。

形式在这个被称为“爱情”的事物上占据首要位置，爱情诗歌首要的是形式，恋人取悦情人时，首先关注的是通过何种精妙的形式达到目的，爱情诗是一种形象、一面镜子，与情感无关，只跟游戏有关。我们要取悦别人就必须先让自己闪闪发光，让自己闪光就必须精心打造自己，于是矫揉造作成为爱情的手段和奴仆。

但是当所有的诗人都对八股文式的雕砌辞藻趋之若鹜时，诗歌就掉价了。它的语言和意象也随之颓废，本体和喻体间的关系转变成没有任何隐喻内涵的词汇的堆积。恋人，每个恋人都是百合花、玫瑰、星星、月亮、太阳。就像太阳遮蔽了一切光亮一样，恋人抹去了除了自己以外的所有的美。诗歌套路常常如此：晨星一丝不挂地醒来，恋人亦如此。恋人的眼睛会说话，暗送秋波，生杀予夺全由她的双眸决定。而情郎，则常常害上相思病，渴望联系心上人或得到心上人的怜爱，以治愈相思之苦。此时，恋人既是点燃他的火，又是浇灭他的水。

如此一来，雕琢辞藻在当时并非个人行为，已然成为一种集体无意识，与精致的用词技巧相关，而与成熟的思想无缘。思想的价值取决于其外在的形式和粉饰，语言成为交流的工具，思想成为装饰物质的外壳，表面光鲜，其作用就是将外部世界改造成经过雕琢的浮华世界：将它变成一幅景观、一个装饰品、一首歌，或者一幕摄人心魄的音像画面。而诗歌本身变成了由相互交织的、极尽华美的线条构成的图案，一幅只需要靠听力或视力从外部参与的人工图案，不再需要心灵。由此，我们可以说，这些诗歌的价值隐含在内部，见证着诗歌呐喊中持续性的意志，以抵抗淹没一切的死亡；也可以说，这一时期是个撕裂期，将我们古代有创造力的诗人们的织布撕裂；也是掠夺期，掠夺前辈的诗歌遗产。所以这时期的诗歌只有索取，没有贡献，大量索取的结果便是为心灵、头脑、品位提供现成之物，从而遮蔽了诗歌真正的光芒。这是个漫长的空白期，也可以说这是充斥着回声和废墟的长廊。

被称为“复兴时期”（Nahdah）[①] 的那个阶段也没有为诗歌走向新天地做出多少贡献，相反，诗歌在继续走下坡路，“复兴时期”完全是个模仿、因袭、造作的时代，它前所未有地沉溺

① 这里指的是发生在 19 世纪末、20 世纪初的阿拉伯文化复兴。

于模仿和附和，甚至连诗歌的衰落期都不如。即便是巴鲁迪[①]，在将诗歌从沉溺辞藻雕琢的世界引向现实时，也无能为力，他也回到了陈词滥调中，没有关注到诗歌形式和语言在衰落期得到过一定的发展。他以高超的模仿力复活了古代诗歌范本，错误地因袭了古代诗歌的结构，这种对古代的追随使诗歌的力量继续囚禁在因袭形式的牢笼里。

随着一战的结束，这个古老的诗歌世界奄奄一息了。与此同时，它又在纪伯伦那里开始重生；它虽然稚嫩，却充满愤怒，充满魅力。

四、吟诵

1

我使用“口头文学”这个表达，一方面指的是“蒙昧时期”阿拉伯诗歌源于口头文学，诞生于一种口耳相传的文化；另一

① 巴鲁迪（Mahmūd Sāmī al-Bārūdī，1838—1904年），埃及著名诗人，阿拉伯世界近现代诗坛复兴的先驱之一。

方面指的是我们对该时期诗歌的认知不是通过当时的书面记载，而是通过口头传述记载于记忆中；再一方面指的是口头性作为“蒙昧时期”诗歌的文学特征对后世阿拉伯诗歌写作产生了很大影响，尤其在诗歌美学方面。

2

“蒙昧时期”诗歌是以吟诵形式诞生的，也就是说它最早是可听而非可读的，是用来抒情而非书写的。当时诗歌中的声音就像充满活力的和风，是一种身体的律动。诗歌中的话语超越了话语本身，它既传达话语，也传达只可意会而不可言传的思绪，尤其是难以书写出来的感觉。这一点证明了声音与话语、诗人与声音之间深刻、丰富而又复杂的关系。它把无法揭示的自我个性与难以确定的声音存在方式联系在一起。每当聆听吟诵的话语时，我们不仅仅在倾听其中的字词，也在倾听它的整体和本质，也就是说，我们听的是超越肉体的灵魂诉说。这表明词语本身并不孤立，而是与声音相结合，词语本身带有音乐性、吟诵性。此时，词语不仅仅代表着某个物体的所指，而是一种多能指的力量体现，它已转化为一种抒情性的话语自我，语言即生命，或者说生命寓于语言形式之中。因此，“蒙昧时期”诗歌在话语上富有音韵美，内容上充满感性和激情，二者之间达成了深刻的统一。

3

首先，如果我们假设口头性是针对听觉的，那么声音就需要一只倾听的耳朵。因此口头性在诗歌语言中是一种独特的艺术，这种艺术不在于它要表达什么内容，而在于通过什么方式表达。需要特别注意的是，“蒙昧时期”的诗人总体上讲述的都是听众以前就知道的事物：他们诉说着传统与习俗、战争与功绩、成功与失败，因此诗人独特的魅力并不在于他表达的内容，而在于他表达的方式，诗人能获得听众青睐的全部秘诀在于他在表达方式上的独创性。因此，“蒙昧时期”的诗人必须用独特的诗歌语言，在生活、价值观和道德等层面给予参与者和大众独特的意象。在这一点上，可以说，“蒙昧时期”诗人对大众言说胜于对自己言说，或者说他只能借由大众来表达自己，诗人是吟诵的见证者。因此，“蒙昧时期”诗歌内容单一、言说形式多样的特点也就不足为奇了。

4

可以说，当时的吟诵和记忆相当于今天的书籍，是“蒙昧时期”诗歌流传的方式，也是保存的方式。

如果我们追溯“吟诵”一词的词源，会发现它的意思是“声音”和“提高声音”，而诗歌本身就有人们相互吟诵之意。既然“蒙昧时期”诗歌源于吟诵，那么诗人本人是最早吟诵自己诗歌的人，就像贾希兹①说的那样：“从诗人口中说出来的诗最好”。值得注意的是，“蒙昧时期”阿拉伯人认为除口才外，会吟诵诗歌也是一种天赋，事实上，吟诵的天赋才是吸引听众的关键所在，也就是说它能感染和影响他人。这一点在“蒙昧时期”尤为重要，因为听觉是这一时期获得语言意识和内心愉悦的主要途径。正如伊本·赫勒敦所言：“吟诵天赋居口才之首”。

从这个角度来看，吟诵得越好，感染力就越强，诗歌就越好。

吟诵是抒情的一种形式，阿拉伯文学遗产中对此多有强调，因此许多人把吟诵的诗人比作鸣啭的鸟儿，把诗歌比作鸟儿的婉鸣。有句广为流传的话言简意赅地道出了这个道理：“抒情是诗歌的方向盘”。我们还可以援引有“先知诗人”美誉的哈萨尼·本·萨比特的著名诗句来证明这一点：

---

① 贾希兹（al-Jāhiz，775—868年），阿拔斯王朝中期著名散文家、思想家、语言学家，被誉为“百科全书式的作家”。传世代表作有《动物书》《吝人传》《修辞达意书》《成方圆书》等。

口吟诗歌款款唱，

抒情是它的竞技场。

这联诗揭示了“蒙昧时期”诗歌与抒情的有机联系，有助于我们理解阿拉伯人“以抒情评判诗歌”和“抒情是评判诗歌的天平”[①]这些话的真正含义。伊本·拉西格也说过：“抒情是韵脚和韵律的来源”[②]，他还强调：“韵律是曲调的规则，诗歌是和弦的标准。”[③]这方面最有力的证明就是，艾卜·法拉杰·伊斯法哈尼[④]在其花费50年之久编撰的、共21卷的《歌诗诗话》中也认为，对于“蒙昧时期”的阿拉伯人来说，诗歌是一种可吟诵的歌曲。

伊本·赫勒敦分析这一现象时说道：“歌曲首先是艺术的一部分，它依附于诗歌后，便为诗编曲。在阿拔斯王朝时代，一些作家和德高望重的名流对此十分热衷，并希望能获得风格多样的诗歌及技艺。”他还将编歌曲这个职业定义为“按一定节奏规律来分割音节从而为格律诗编曲的工作”[⑤]。连吟诵的姿势本

① 马尔祖班尼．彩诗．开罗：赛莱菲亚印书局，1924：39.

② 伊本·拉西格．诗歌技艺之柱（第1卷）．贝鲁特：吉勒出版社，1981：15.

③ 伊本·拉西格．诗歌技艺之柱（第1卷）．贝鲁特：吉勒出版社，1981：9.

④ 艾卜·法拉杰·伊斯法哈尼（Abū al-Faraj al-Isfahānī，897—967年），阿拔斯王朝后期著名诗人、散文家，其代表作《歌诗诗话》是一部百科全书式的巨著。

⑤ 伊本·赫勒敦．历史绪论．开罗：人民出版社，1950：488.

身，“蒙昧时期”也为后世留下了一些独特的传统：有些诗人要站着吟诵；有些傲慢的诗人则坚持要坐着吟诵；有些诗人吟诵时会手舞足蹈，比如女诗人韩莎，据传述，她吟诗时常常“摇摆身姿……盯着自己身体的两侧”。由此我们可以看到，口头文学中声音和肢体、话语和运动往往是结合在一起的。

有些诗人在吟诵诗歌时常常身着华服，闪亮登场，当时的吟诵可以与节日庆典和婚礼媲美；还有一些后世的诗人在吟诵时效仿昔日“蒙昧时期”诗人的装束，以此证明古今的联系。

大艾阿莎（艾阿莎·盖斯）被公认为是擅长吟诵的“蒙昧时期”诗人之一，被称为“阿拉伯人的响板”，据说这个称号是穆阿维叶赐予他的。对于这个称号的来历众说纷纭：有人说是因为“他是最会咏唱诗歌的阿拉伯人”，有人说是因为他和着自己的诗来“吟诵”，有人说是因为阿拉伯人“很喜欢吟诵他的诗歌”，又有人说是因为“其诗歌质量很高”，还有人认为是他“精于朗诵”。总之这些解释都把诗歌和吟诵以及抒情联系起来。法拉兹达格援引了诗人阿巴德·安巴里在听完大艾阿莎吟诵后的一句话：“你的吟诵美化了我对诗歌的理解。”①

① 更多有关他诗歌和吟诵的细节请参考：阿里·琼迪．诗人与诗歌吟诵．开罗：知识出版社，1979.

5

如果把吟诵比作身体，那么韵律、节奏和曲调就是身体的肢节，对它的评判取决于听众的反应。所以吟诵是声音的艺术，与之相对应的是倾听的艺术，评判的标准是由逐步创新特有的韵律节奏体系来确定的。

大部分学者认为，在“蒙昧时期”，节奏起源于“塞吉阿”，即韵文，故韵文是“蒙昧时期”口头文学的首要形式，即对仗工整的话语表达。继韵文之后是“拉吉兹”，即俚谣，它要么像韵文一样，只有上半联，但其节奏具有一定的韵律；要么由上下两扇组成一联。诗歌就是在这个基础上发展而来的，一联诗由两扇对称又押韵的表达组成，称之为一个“拜特”或一联，取代了原来的“拉吉兹”。

“塞吉阿”一词的动词词源是指动物的鸣叫，比如说，“鸽子叫了”是指鸽子在婉转啼鸣，表达喜悦之情；“母驼叫了”是指母驼朝着一个方向不停地嘶鸣，表达思念之情。在这一点上，鸽子的叫声和母驼的叫声是一样的，它们都是按照一种匀称的音节规律发声，由此“塞吉阿”意为按照一种和谐的韵律发声，继而转化为一个表达韵律节奏的术语，当该词当作动词用时意为：为无韵的话语附上韵律。而韵文的名词意为：均等、匀称、相似的话语，以便句中的每个词语都和它比邻或对应的词语在音节上匀称和谐。[①]

韵文作为一种艺术有三种形式：

第一种形式：韵文有两个均衡平等的部分组成，两部分等量齐观，同时拥有一个关键的特定字母作为统一的韵脚，例如："年逢蝗虫灾难，生计困顿艰难，手头紧巴吝悭"，这三个句子各句都由均衡平等的两部分组成，韵脚落在同一字母上，我们把这种形式称为对偶句。[②]

第二种形式：句子中的各个部分相应词语的读音是成对的、押韵的，因此文字从整体上读起来朗朗上口，例如："他们必定只归于我，他们的稽核，必定由我负责。"(《古兰经》:《大灾章》: 26)

正如修辞学家们说的那样，这种形式的韵文才是最好的韵文，但前提是不要牵强附会。

第三种形式：句子中有些部分平衡均等，如果韵脚不能落在同一字母上，那么就落在发音部位相似的字母上。

众所周知，韵文的历史可追溯到伊斯兰教兴起初期，但后来几乎消失了。这是因为在"蒙昧时期"，韵文的吟诵与祭祀活

---

① 出自《阿拉伯之舌》中对"韵文"词条的解释。

② 韵文有两种：第一种没有韵脚，如："不要择取那除非闭着眼睛，否则连你们自己也不愿收受的劣质物品，用以施舍。"——《黄牛章》：267。第二种有韵脚，如："当你的事务完毕时，你应当勤劳，你应当向你的主恳求。"——《开拓章》：7—8。"至于孤儿，你不要压迫他；至于乞丐，你不要呵斥他。"——《上午章》：9—10。"他能使人笑，能使人哭；他能使人死，能使人生。"——《星宿章》：43—44。

动和祭司有关，于是先知在《圣训》中明确禁止韵文，他曾说“要当心祭司的韵文”，同时据传述，他也禁止在祈祷和话语中使用韵文，因为这些韵文与祭司在祭祀活动中的话语十分相似。

尽管如此，韵文还是在后世再次出现，尤其是在演讲、书信和麦卡梅[①]等散文形式中被广泛运用，但后期却发展为一种滥施韵脚、矫揉造作、空洞无意的“八股文”。

至于“长诗”（盖绥达）一词，则含有“被分开”之意，该词的动词词源意为“折断”。折断树枝也就是把树枝折成两半，故每句长诗都有上下两阙组成一联，也称为一个“拜特”。根据此意，可以看出“长诗”一词是根据它的形式来命名的，即折成两半的诗句。但是伊本·赫勒敦对此持不同意见，他认为“长诗”一词的含义是诗人在不断转换目标，他“游走在艺术间，从一个题旨走向另一个题旨，时刻为下一个题旨的出现做好意义上的铺垫。”[②]在《历史绪论》中，贾希兹则有另一番解释，他认为“由于诗歌出自作者的内心，所以是有目标的，并且他竭尽全力奔向这个目标。‘长诗’一词就是从‘目标’一词来的。”[③]

长诗的形式之所以在诗歌语言中占据主导地位，是因为它

---

① 麦卡梅（Magāmah）原意为“集会”“聚会”，后引申为集会中的“讲话”“说教”。自赫迈扎尼的《麦卡梅集》（al-Magāmāt）问世后，“麦卡梅”就成为一种在阿拉伯文学史上颇有影响的文体术语，该文体主要特征是散韵结合。

② 伊本·赫勒敦 . 历史绪论 . 开罗：人民出版社，1950：488.

③ 贾希兹 . 修辞达意书（第 2 卷）. 开罗：商务印书局，1926：7.

最能回应内心的需求，也最适合谱曲和吟诵。

必须指出的是，长诗中的每一个“拜特”是彼此独立的，以应和吟诵和咏唱的需要，也是为了聆听方便，加强对听众的感染力，而不是像一些人士认为的那样：阿拉伯人的思维本性是重局部而轻整体。

同样需要指出的是，长诗中的韵脚（尾韵）最重要的特征是吟诵性和音乐性，但它同时也要照顾到诗句的词型和词义，从而使各词能有机组合成诗句，而不是仅仅为了吟诵。另外，韵脚是诗句的核心部分，它不是为了增加或填补空白的可有可无的存在;它必须在每一个“拜特”的尾部重复出现，一韵到底，应注意字母及其读音符号。诗人不能把读合口符的字母与读齐齿符的字母相连，或反过来，出现这种情况叫做“出韵”；不能连续两次使用同一个韵脚，这种情况叫“韵脚重复”；也不能重复相邻两个“拜特”的含义，这种情况叫“隐含”。所有这些规则都从根本上确保了韵脚的音韵美，即确保了它是具有节奏性的音节，而不是字母和动符的随意组合。因此诗句中每个“拜特”最后一个重复出现的字母其词型彼此应具有相似性，并且应重点关注其词尾的读音符号，因为它们体现着音乐美。韵脚赋予诗句和诗歌整体的协调性和对称性，并为诗歌打上韵律、心灵、音乐和时频的印记。

6

基于“蒙昧时期”诗歌口头文学的特征，后世建立起了一套较完善的阿拉伯诗歌批评体系，并对阿拉伯诗歌本身有了一定的认知。由此总结整理了一套占据主导地位的规则和标准，它不仅规约着诗歌写作，而且影响了和诗歌问题有关的审美、思想、知识等。

要全面研究这些问题需要用历史的眼光，从历史出发来理解阿拉伯诗歌。因此这部分论述将着重阐释我认为与该研究最紧密相关的方面，也是最重要的三点，即字母读音符号、韵律编排以及听众的倾听。

7

需要强调的是，“蒙昧时期”诗歌口头文学理论的建构肇始于阿拉伯文化与其他文化，如希腊、波斯和印度文化的交融初期，其目的在于强调阿拉伯诗歌与其他民族诗歌相比，具有独特的阐释性和音乐性，同时也意在强调：要保存阿拉伯诗性和阿拉伯诗人的独特身份，就要维护这一诗歌特性并在创作中加以实践。因此他们在阿拉伯人与其他民族文化交融之初，就十分重视这种真正建立在阿拉伯人思维意义上的特征，特别是在巴士拉这座被阿拉伯历史学家描述为文化之都、“大地与尘世中心”的城市。当时，人们的口音各异，一些波斯词汇已融入阿拉伯语中，波斯语法和音乐也被广泛传播。塔哈·侯赛因[①]总结当时的文化状况时说：“那时的文化是杂糅的阿拉伯纯正文化，它是“基于与《古兰经》有关的宗教知识、与诗歌有关的语法语言知识，基于与医学和哲学相关的希腊文化，以及融波斯、印度和伊拉克闪系各族文化于一体的东方文化。”[②]

在这种多元文化氛围中，阿拉伯人通过制订语法规则来防止外族语言渗入，以免对《古兰经》和《圣训》产生曲解；阿拉伯诗歌也通过制订韵律标准保持其鲜明的阿拉伯音乐节奏特征，从而有别于希腊、古叙利亚、波斯和印度诗歌韵律；同时，还出现了有关诗歌写作、品鉴、交流的规则和标准。

8

伊本·赫勒敦在他的《历史绪论》中谈及对语言和诗歌口头性问题的看法时，认为阿拉伯人吟诗诵曲的本领与生俱来，

---

① 塔哈·侯赛因（Tāhā Husayn，1889—1973 年），埃及现代著名文学家、文学评论家、思想家、教育家，被誉为“阿拉伯文学巨擘”。塔哈·侯赛因是位多产的作家，有 70 多部著作。内容包括文学、语言、历史、哲学、政治、教育、宗教等方面。其代表作是自传体小说《日子》。

② 塔哈·侯赛因．漫谈诗歌和散文．开罗：萨维印书局，1936: 90.

这方面并没有一定之规，全凭感觉和品位。但语言的天赋依赖于听觉，他说：“一些混血阿拉伯人常和外族定居者杂居，听着他们非纯正的阿拉伯口音，久而久之，自己的听觉也会出问题，进而影响到他们的语言禀赋。”一些阿拉伯学者十分担心“这种语言天赋会渐渐退化，时间一长，人们就无法理解《古兰经》和《圣训》中的词义了。”于是为了保护这种天赋，他们开始从人们的语流中探寻这种语言天赋的规律，制订出大致的规则，借此来制订其他话语成分的标准，并以此类推，比如主语是主格，宾语是宾格，起语也是主格等。随后他们发现随着词语在句中位置的不同，词性和词义也跟着发生了变化，于是他们将这种规律变化命名为语法规则，而导致这一变化的要素被称为“作用词”，等等，所有这些规则都有自己特定的术语。根据这些术语，他们撰写了相关书籍，使其成为一门独立的学科，称之为“语法学”。[①]

语法学的开创者是艾布·艾斯沃德·杜艾里[②]，之后由哈利勒·本·艾哈迈德·法拉希迪[③]进行了提炼和完善，除此之外他

---

① 伊本·赫勒敦．历史绪论．开罗：人民出版社，1950：454.

② 艾布·艾斯沃德·杜艾里（Abū al-'Aswad al-Dualī，603—688 年），阿拉伯语语法学奠基者，是第一位为阿拉伯语字母标上发音符号的语法学家，他还为阿拉伯语字母标上点以区别写法相似的字母，制订了相关的语法术语。

③ 哈利勒·本·艾哈迈德·法拉希迪（al-Halīl bn Ahamad al-Farāhīdī，718—786 年），中世纪阿拉伯语语言学大师，巴士拉派著名语法学家、诗人，诗歌韵律学奠基人，一生著述丰厚。

还进行了一些其他的语言学研究工作。由于担心人们不理解《古兰经》和《圣训》，哈利勒编纂了《艾因词典》，其中规定了词典中的字母组成，是两个字母、三个字母、四个字母还是五个字母，而这也是《阿拉伯之舌》要达到的目的。[1]

艾布·艾斯沃德·杜艾里是第一位给《古兰经》经文标上发音符号的人，据说他找来一名书记员并叮嘱他："当你听到我在哪个字母上读开口符时，就在该字母上方标一个点；当听到我在哪个字母上读合口符时，就在该字母右上方标一个点；当听到我在哪个字母上读齐齿符时，就在该字母下方标一个点；当听到我发出了鼻音时，就把标一个点的地方变成两个点。"就这样，杜艾里发明了语法符号标注法，以指导人们正确地朗读。

标符完成后，学者们开始给字母本身加标点。纳赛尔·本·阿希姆给所有字母排了序，他把形状相似的字母排在一起，然后用标点的方法把它们区分开来，有些点是单个的，有些是成对的，点的位置也不同，有些在字母上方，有些则在下方。

这样一来，通过在词尾标上合口符、开口符或齐齿符的方法划分了句子成分，而为字母本身加上标点则区分了形状相似

---

① 伊本·赫勒敦. 历史绪论. 开罗：人民出版社，1950：455.

的字母。

哈利勒随后完善了杜艾里的工作，他将开口符的标志确定为倾斜的“小艾力夫（ا）”，标注在字母上方；合口符的标志是“小瓦乌（و）”，也标注在字母上方；而齐齿符的标志则是只有一半的“亚乌（ي）”，标注在字母下方。同样，他也规定了海姆宰、叠音等字母书写的样式。而之所以把原本没有读音的发音符号与不同的字母联系起来，是为了辅助人们发音，这也体现了哈利勒对单词音韵学的重视。

在语法方面，哈利勒研究了词源、词法和变化，单音节或多音节的字母读音以及单词的构造、派生和词尾变化。换句话说，他通过研究单个的词来寻找阿拉伯语中单词的构造规律；通过在句子中研究单词来理解它在不同语义下的符号变化。哈利勒被认为是阿拉伯语语音学的鼻祖，因为他对以语音为基本单位的词语进行了研究，[①]而正是他这般出众的乐感促使他对字母发音部位的确定，对语音做出细分，并通过这些技巧，利用动词与名词的不同语音节奏来组建诗歌的韵律。

---

① 据说哈利勒曾谈论过多种艺术，包括“歌曲和节奏学、话语和雄辩学、象棋和双陆棋等”。“他精通曲调学，还为此专门著书立说阐释自己对曲调和韵律学的理解。”“至于歌曲和节奏学，他也曾写过一本书并将其命名为《声音的构成》。”详见马哈迪·马赫祖米关于哈利勒的著作。

9

毫无疑问，哈利勒对诗歌韵律的研究和定义是开创性的，这不仅有赖于他出色的乐感，也有赖于他出色的分析能力。在法拉比的著作《音乐通论》中我们也能发现这一点，法拉比用严谨的理论形式展示了诗歌与韵律之间的本质关系，这有利于我们更好地理解哈利勒的开拓性工作和评价他的历史作用。

法拉比认为诗歌和音乐同出一源，二者都是在寻找音节动静之间的平衡，使之和谐，具有美感。但二者的区别在于，诗歌擅长根据词义对单词进行排序并使它押上韵，同时兼顾语法。而音乐擅长把言语中押韵的词语放在一起，在曲调风格的主导下将其按一定的比例组合发出乐声。

法拉比还说，诗歌和韵文总体上早于作曲的出现，因此诗歌一开始就是对韵律的抒情，而乐器是后来为唱歌的韵律而发明的工具。因此，音乐与诗歌不仅因话语联结在一起，而且还有特殊的因缘。发音本身能推动诵者和听者双方的相互理解，即言语的目的无非就是引起听众关注以便理解诵者的意图，此时，喉咙与口腔按照正常的语速来进行发音活动。但当话语要通过延长词语中某字母的发音时段、通过抑扬顿挫来表达话语意义时，它便更能捕获听众的心，引起听众的关注，从而增强话语感染力。这种不寻常的词语输出方式是需要感觉和想象力的，以便掌握韵律节奏，并通过长音、短音、重音、轻音等音节活动使话语的各部分有机联系在一起，不致分散不连贯。由于话语与诸如韵律、对偶、排比等曲调联系紧密，因此后者在语言学中也是一个重要的课题，并可能因为语言、口音和编曲方式的不同而不同。哈利勒研究韵律的一个主要目的是将阿拉伯诗歌和其他民族的诗歌区分开来，将阿拉伯音乐与其他民族的音乐区分开来。从伊斯兰教历（以下简称“伊历”）1 世纪[①]上半叶开始，波斯和印度乐器就在阿拉伯社会广泛传播，韵律就像是一个接纳这些外族乐器的工具或容器，通过不同的韵律将阿拉伯独有的诗歌和音乐保留下来。这一独特性主要表现在阿拉伯语音节的连续性，它能让阿拉伯诗歌更好地组织语言，让阿拉伯乐曲更好地编排、提炼音节。

法拉比还认为，音乐与诗歌语言有着绝对天然的联系，二者的相通性首先表现在感染力和想象力上。因此阿拉伯人和其他东方人都非常重视音乐，认为它是人类的本性，这种与诗歌语言密不可分的乐感给人的内心带来愉悦，使人身心得到放松，增强听觉美感，也给人带来想象力、意象、激情和沉思。

完美的曲调存在于人的声音中，自然的歌曲发自人的喉咙，因此诗歌与音乐有种天然的联系。换句话说，完美的曲调依赖

---

① 即公元 7 世纪，伊斯兰历法将先知穆罕默德从麦加迁徙至麦地那的那一年——公元 622 年定为伊历元年。

于诗歌的语言，它给人们带来愉悦、激情和想象力。

法拉比根据诗歌语言将这些乐曲分为三类，第一类是雄壮曲，它给心灵带来力量和激情；第二类是柔和曲，它让心灵感到柔情和温软；第三类是平和曲，它介于雄壮和柔和之间，让心灵归复平静和安宁。

法拉比还说：“……许多道德和行为源自心灵的激情和想象力，因此乐曲有助于培养人们的道德情操、嘉言懿行，也能使人获得其他陶冶美好心灵的事物，如格言和知识等。”[①]

法拉比把音节定义为“在一定数量和比例时间内转换音调。”[②] 按照一定规律确定音调变换时间以及节拍长短，使音节具有强弱之分。节奏学研究的就是用特殊方法编排曲调，通过调整强弱音节的不同时长、频率来实现目标。根据时长不同可对节奏进行分类，其中最小的单位是二节拍。同时，作曲学的原则因以下两个因素的不同而不同：

（1）各词在发音上的乐感要恰当；

（2）各词在长短节拍的数量上要匹配。

每个节奏单位叫做“塞白卜”（السبب）和“瓦特德”（الوتد），即两种音节，而韵律的形成需要多个“塞白卜”和“瓦特德”音节的特定组合，韵律建立在以下元素的基础上：

---

① 法拉比．音乐通论．埃及：阿拉伯作家印刷和发行出版社，1967：1181.

② 法拉比．音乐通论．埃及：阿拉伯作家印刷和发行出版社，1967：436.

（1）“塞白卜” 音节分两类。

一种叫 “轻音节”，即前一个字母是动符，后一个是静符，符号为：/°。

另一种叫 “重音节”，即两个字母都是动符，符号为：//。

（2）“瓦特德” 有三类。

第一类是 “集合音节”，即前两个字母为动符，后一个字母为静符，符号为：//°。

第二类是“分离音节”，即两个动符字母间有一个静符字母，符号为：/°/。

第三类是“连续音节”，即一个动符字母后接两个静符字母，符号为：/°°。

（3）音节：由若干 “塞白卜” 和 “瓦特德” 长短音节组成。

（4）音步：由二到四个音步组成一扇。

（5）半联，即一扇，两扇组成 “一联”。

（6）拜特，也就是一联。

以上提到的都证明了韵律是一套工具和规则，而格律则是韵律的一种特殊形式，它是用曲调元素的特别方式组合而成的。因此诗句 “在诗人那里不过是制定韵律”，在阿拉伯语中，诗句是“完全被韵律规约的语句。”[①] 而“拜特” 及相关的格律都是与

① 法拉比．音乐通论．埃及：阿拉伯作家印刷和发行出版社，1967：1008.

“蒙昧时期”诗歌口头特性有关的咏唱和吟诵的术语。

10

让我们来看看第三个问题，即诗歌口头性和听觉之间的关系。正是这种关系，使诗歌批评主要建立在听觉原则和诗歌与听众之间的互动上。从这一点来看，“蒙昧时期”的诗人不是为自己作诗，而是为听者作诗，目的在于感染、影响听众。因此那时评判诗歌优劣的标准就是看诗人在怎样的程度上创新诗艺来感染听众的心灵，这也导致诗人会一门心思地考虑他的作品是否符合听众内心的想法，也就是说听众对诗人话语的理解程度决定了诗人对诗歌的阐释度。听众内心的想法是集体的反映，他们对诗歌的理解是主流品位的投射。

因此，这时期诗性的特点不在于诗人说了什么或者要证明什么，而在于怎么证明，正如朱尔杰尼说的那样——“论证的方式”[①]，其诗性蕴藏在对听众的感染度中。

曲调影响力作为评判诗歌的标准，是建立在听觉和曲调美感基础上的。特定的政治目的和意识形态常利用这种美感为其发声、做宣传，因为不论是为了表达赞扬还是讽喻、引诱或是

---

① 朱尔杰尼 . 奇迹例证 . 开罗：麦达尼印书馆，1992：485.

恐吓，诗歌都以特殊的方式影响着大众的内心，是一种极具感染力的语言艺术。

在语义层面，诗歌的这种美感要求诗人避免使用“遥不可及的意象、晦涩难懂的叙述和模糊不清的暗示”，同时避免“故意为之”，而应该“使用接近现实而非不切实际的隐喻”[①]，诗歌语言其“真实性和隐喻性应建立在有意义的基础上。”[②]

由此导致了诗与思的分野，贾希兹也认识到这种分离的存在，他认为诗与思是相对的，因为诗歌的阐释“不需要借助思想的帮助”，而且也“无须解释”[③]。

诗与思的分离证明了“蒙昧时期”口头诗歌美学对纯粹的游牧生活的偏爱，这种生活与定居的城市生活相对，同时也强化了诗歌抒情性和吟诵性的特点。由此我们或许可以知道为什么批评家们对诗歌中的“直白”概念那么重视，因为这种“直白”与质朴和天禀是同义词，与堆砌辞藻、矫揉造作背道而驰。[④]

从形式角度看，这种美感需要动听悦耳的音乐词汇，就像

---

① 伊本·塔巴迪布 . 诗歌标准 . 开罗：开罗书局，1956：119–128.

② 艾米迪 . 艾布·泰马姆和布哈图里诗歌评较（第 1 卷）. 贝鲁特：科学图书出版社，1944: 191.

③ 贾希兹 . 修辞达意书（第 1 卷）. 开罗：商务印书局，1926：118.

④ 艾布·苏莱曼·曼忒基认为“直白”是“人类本性中的精神能力”，见艾布·哈彦·淘希德 . 享受与抚慰（第 2 卷）. 开罗：翻译与发行印书局，1939：140–143.

法拉比说的那样，他还认为优美的乐曲就是悦耳动听的曲调和简洁易懂的词语的完美结合[①]，而最动听的诗歌曲调应该具备以下几个特点:（1）纯粹：不掺假，没有形式和数量上的堆砌感;（2）绵长：抑扬顿挫，时断时续;（3）韧性：柔软，易展开;（4）有些音节欲言又止：双唇紧闭，声音从鼻腔发出;（5）有些音节带鼻音：声音从双唇或鼻腔发出;（6）滑音：有些音节音调快速滑过;（7）重音：有些音节洪亮清晰，有重音;（8）浑厚：有些音节音调浑厚，从胸腔发出，特别是男音。

这些音乐特征需要通过简明、柔和、流畅的词语才能体现，其中要多清音（辅音）字母，也就是富有动感的字母。这些字母与元音音调并行融合，表达明快，不牵强附会，不晦涩拗口，正如法拉比说的那样。

诗句里如果使用怪词或拗口的字母组成的单词，那是要遭到批评的；只有使用语调平和、易于发音的单词才能得到赞扬，听觉上才有美感，人们才能更快地领悟诗句的意思。贾希兹在总结批评家们针对此类问题的立场时说道:“字母和诗句应该是平滑、柔和、简约、连贯的，诵起来流畅，听起来轻柔，只有这样，一联诗才能从整体上看起来像一个单词，一个单词才能从整体上看起来像一个字母，一联诗的所有音步都成为一个不

① 法拉比 . 音乐通论 . 埃及：阿拉伯作家印刷和发行出版社，1967：1093.

可拆分、天衣无缝的整体。”[①]

这些都体现出阿拉伯人善于辞令的特点——“纯种的阿拉伯人是口才的矿藏”[②]，而“直白”的特点又体现出“阿拉伯人在阐释方面与众不同”[③]。上文也指出，直白与咬文嚼字相对，即与挖空心思、绞尽脑汁相对。咬文嚼字是定居的阿拉伯混血儿的语言特征，人为痕迹很重。而直白和自然是纯种阿拉伯人，也就是贝都因人的特征，直白和自然是对阿拉伯诗歌的最佳描述。因此贾希兹在制订诗艺标准时说:“最好的话语就是见其词便能明其义的表达。”[④]

因此，在诗歌技艺中，出现了不同题旨对应不同格律这样的价值标准，所以要选择合适的格律搭配诗歌题旨。有人认为诗歌题旨的本质和韵律的本质之间有着必然的联系，严肃、热情、激情澎湃、喧腾的题旨应搭配长格律；轻柔、平静、诙谐、跳跃的题旨则正好相反，应搭配简短而轻松的格律；甚至连格律的名称都是根据题旨命名的，分别称为“长律”“简律”“轻律”“漫律”“动律”等。

本着这一价值标准，有人说尾韵必须动听，音调必须优美。

---

① 贾希兹 . 修辞达意书（第 1 卷）. 开罗：商务印书局，1926：82.
② 贾希兹 . 修辞达意书（第 1 卷）. 开罗：商务印书局，1926：26.
③ 贾希兹 . 修辞达意书（第 1 卷）. 开罗：商务印书局，1926：24-25.
④ 贾希兹 . 修辞达意书（第 1 卷）. 开罗：商务印书局，1926：79.

韵脚和韵律一起构成了诗歌独一无二的品质，缺一不可。

也有人说诗人必须避免任何破坏诗歌乐感的做法，特别要避免在韵脚中使用一些无乐感的字母构成的单词，如字母ث خ ش ص ض ط ظ غ ذ و ز。

还有人说，诗人还要努力保证诗歌从起兴到收尾都具有美感，也就是说要精彩，因为听众首先听到的是诗歌的起兴部分，如果听众在开篇时就听不下去了，就会失去对全诗的兴趣；如果开头韵味十足，情形就不一样了。

11

综上所述，我们可以断定，阿拉伯社会中的诗歌技艺带着“蒙昧时期”口头文学的烙印，特别是在它刚兴起的几个世纪。这一特性使人认为诗歌是呼唤与回应的艺术，或者说是诗人与听众间互动的艺术。对于“蒙昧时期”诗人而言，推动他们作长诗的意图和促使听众倾听长诗的目的，二者似乎事先就达成了统一。在这一点上，诗歌和生命没有区别，生命即诗歌，诗歌即生命，这样一来，诗歌的结构取决于与听众的互动以及诗歌的功效和目标。节奏是“蒙昧时期”诗歌话语的基础，因为它是一股联结自我与他者的活跃的力量，是生命的脉搏，是平衡精神与物质的需求。在诗歌节奏上，“蒙昧时期”的阿拉伯诗歌与其他民族的诗歌有很大不同，主要体现在韵脚上。在阿拉伯语中，韵脚是诗歌的本质特点，但是在阿拉姆语、古叙利亚语、希伯来语和希腊语中却不同。据此，古代阿拉伯批评家认为，“蒙昧时期”阿拉伯诗歌中的韵律结构绝对没有模仿其他任何一个民族，它是阿拉伯诗歌特有的、独一无二的。他们还认为这一特点经过不断的发展，从“蒙昧时期”赶驼的号子开始，到类似节奏的话语声和战场上的助阵声，最终形成了格律中的基本单位——音步。在这一过程中人们尤其注重韵脚，因为它是诗歌题旨的基础，是从“拜特”中发出的紧扣诗人言语的自然之声。有些学者还认为，韵脚是韵律的前提，因为韵脚比韵律早出现，是一种广为人知的押韵形式。“蒙昧时期”的阿拉伯诗人凭着天性就已经意识到，节奏必须和心理活动的题旨相符，而韵律又同时寓于语音活动中，因此出现了一个定律，即如果题旨改变了，心理活动的韵律也要随之改变，同理，如果韵律改变了，题旨也随之改变。

所有这些都解释了“蒙昧时期”的诗歌是如何具有吟唱特性的，如何将语言活动和身体活动统一起来，如何实现单元和单元之间彼此独立又相互有机地联系起来：一个“拜特”内部的各个音步之间如此，“拜特”和“拜特”之间亦如此。

这些也证明了阿拉伯诗歌是独树一帜的：在音乐层面，它有清晰而有力的节奏；在互动层面，它有极高的感染力和高效性；在记忆层面，它通过不断循环往复来加强记忆。

有些学者认为，韵律并非“蒙昧时期”诗歌作为口头文学要遵循的外部规则，而是诗歌形式本身，是本源、基础和目的；甚至有些学者认为，诗人之声和听众之耳的结合不仅是生命和情感的联动，吟诵诗歌更是全民的节庆。

12

文中，我从批评和音乐的角度简单介绍了“蒙昧时期”诗歌口头文学的特征。毫无疑问，从批评家的角度看，“蒙昧时期”诗歌是我们最早的诗歌，它把生活和最早的阿拉伯语话语方式联系在一起，将最早的阿拉伯人与自我、他者联系在一起，它不仅是话语的实践，也是生活和存在的实践。在这些诗歌中，体现了早期阿拉伯人对历史和时间的意识，隐含着阿拉伯人极强的集体无意识。今天，每当我们读到这些诗歌，就会想起我们最早的声音，聆听这门语言之声是如何拥抱历史和人类的。它艺术地体现了我们最早的语言，我们用它诉说着身份，用它在未知的黑暗中开路。从这个意义上看，它不仅是我们最早的记忆，也是我们最早的想象力之源。

但如今，我们与诗歌的关系正面临着全面的危机，这种危机隐藏在对诗歌批评文本的阐释和立论中。作为口头文学的诗歌，其特征已被确认，并转化为书面诗歌创作的绝对标准，还被认为只有像哈利勒规定的那种合辙押韵的口头话语才可以称为诗歌，押韵是诗歌的首要特征，也是区分诗歌和非诗歌的标准。在伊历刚开始的300年里，建制、理论化及阿拉伯民族和其他民族在意识形态上展开交锋，这一历史氛围推动和加强了以上诗歌标准的盛行。因此韵律不仅被认为是吟诵、咏唱性话语特定的法则，还被扩大化，被认为是所有诗歌话语的本质特征，甚至连书面诗歌文本也要像口头文本一样，受到这一批评理论的制约。这样一来，具有沉思、探究、蒙昽特征的书面创作就被排除在诗歌之外了。换言之，尽管口头性话语在于说出，书面性话语在于写作，二者的表达方式迥异，但衡量、评估的标准却只有一个，即口头性标准。

过去这种对“蒙昧时期”诗歌的批评标准到现在还在影响着我们，也遮蔽了我们的视野。

13

哈利勒是一位在语法、修辞和音乐上都有所建树的学者，他将语言视作一种结构和系统，深入研究了“蒙昧时期”的诗歌，并制订了韵律的规则，他这么做是为了证明阿拉伯人也是有自己民族特色音乐的，这种音乐是专门用于抒情和吟诵的。

这就是哈利勒这位学者对韵律的描述和立论，可以说，他的研究标志着语言背诵史的开端，即背诵诗歌韵律的开端，就像有人为了背诵《古兰经》《圣训》以及阿拉伯人的丰功伟绩而著书立说一样。

但遗憾的是，后人是从民族和意识形态的角度来理解哈利勒的研究的。受当时阿拉伯民族和其他民族政治、文化冲突的影响，他们把哈利勒描述性的研究拔高到诗歌圭臬的高度，而诗歌话语也被限制在一些条条框框中了，它不再是自由的，更不再具有创新力。

我们今天之所以解读诗歌的昨天，不仅仅是为了了解哈利勒及其后来者的理论，更是为了发现他们的遗漏和不足，也就是说，今天的我们要读出他们理论中的空白和缺陷，特别是那些与诗歌话语本性相悖的规约和定义。诗歌话语就像冲动、多变、才思泉涌的人类一样，始终处于炽热、不断革新和变化中，处于运动和喷涌状态。它的形式会不断突破定义和规则的束缚，在向外部世界的不断迁移中探寻自我、回归自我。

通过这番解读，我们应该于无声之处提出问题，并探究前人沉默的原因。这些问题应该包括：

为什么传统的诗歌批评话语一直占据主导地位，一家独大？为什么只有这一种观点？是因为它掩盖了其他观点吗？它为什么要这么做，又是如何做到的？这种观点本身是正确的吗？它为什么被认为是正确的，其过程是怎样的？它为什么认为“蒙昧时期”诗歌只有根据这一理论才能被理解和评估？特别是在今天，通过解读我们发现，诗歌的多样性决定了对其理解和评判的标准也要多样性。“蒙昧时期”诗性的多样性是否存在，还是被禁锢和抹去了？如果的确如此，那么造成这种情况的原因何在，又是如何完成的？是否存在一个遏制了其他理论发声的独享话语权的权威？这个权威是什么？是宗教、语言还是民族？它是否坚守以纯粹为标志的游牧传统，反对以混杂为标志的城市生活，还是它兼具两者？这种话语体系的不断重复和强调是否是为了强化自我身份，还是通过怀疑其他话语体系来排斥异类，从而不断加强自我的身份认同？

这些问题都指向了那个隐藏在背后的一脉相承的话语体系，它沉默、缺席，存在着不足。今天，我们必须仔细研读我们的诗歌批评遗产，发现其中的缺失和不足，让沉默发声。

第二章

阿拉伯诗学的转型

一、重生

1

在我看来，阿拉伯诗歌在 20 世纪前半叶呈现出三种形态。第一种是模仿和因袭；第二种是内容和形式上的革新；第三种则体现为两种方式的浪漫主义：时而感伤、时而愤怒的浪漫主义以及表面光鲜亮丽的浪漫主义。

2

阿拉伯诗歌的第一种形态表现为对枯竭的形式和思想进行

不断的雕琢和模仿创作，诗人趋之若鹜地因袭前人的意境和形式。我们所谓的“复兴时期”并没有在诗歌的创新方面做出任何贡献。这个时期的大部分诗人甚至用陈腐的眼光观察身边的自然。自然在他们的诗中是陈词滥调堆砌而成的字典，鲜有个性色彩。话语是一件为了罩住现成的主题而精心设计的外衣。因此，格律诗成为生搬硬套的应时之作。

3

语言不仅是传达和理解的工具，更是探索和发现的媒介，其首要目标是鼓舞人心，震撼心灵，开启超越之门。它与我们窃窃私语是为了让我们转变，而不是接受训导。语言是一场把我们淹没在它的隐喻、节奏和语义中的致变的浪潮。这种语言是行动，是运动的核心，是储能器，它的词语不仅仅是字母和韵律，还蕴含着独特的血液和生命力。它是一个实体，其本质不在于表，而在于里。当然，这里所说的语言是隐喻性的，而非阐释性的。

这种语言所追求的天际便是第二种形态的诗歌向往达成的目标，尤其体现在纪伯伦·哈利勒·纪伯伦的创作中。他的作品提供了一种苏非主义伦理观的革命意境，旨在将诗歌转化为生命力和信仰，那抒情性的悸动犹如燃烧的火焰，饱含着对现实的反抗和对更加高尚、更加光明的现实的向往。纪伯伦的创新首先来源于他与所谓的“复兴时期”的决裂，因此，他的影响力，尤其是他的语言，不是这个时代的产物或延续，而是独特的迸发。

自纪伯伦起，阿拉伯现代诗歌观念发生了变化，由原来的描写、悼亡和阐释世界转变成渴望改变世界。换言之，纪伯伦是阿拉伯现代诗歌的奠基人。他的创作是对那个时期习以为常的生活、思想、表达方式的整体的革命。纪伯伦在1914年致玛丽·哈斯克尔的一封信中写道：“陈旧的方式已不能表达我的新意。因此，我致力于寻找表达新意的方式，不仅在于词汇的创新，还在于韵律的创新，乃至创作方式的革新。我必须为新的见解寻找新的形式”[①]。1912年给玛丽·哈斯克尔的另一封信中写道：“我知道有些人注定对我视若不见，他们只对旧日的神祇顶礼膜拜，恪守着陈腐的观念，靠昨日的残梦度日。”于是他在另一封信中坚定地写道：“我知道我有全然不同的话要对这个世界说。”

纪伯伦从创作之初就沉迷于创新和特立独行的想法，以期创造当时无人能及的影响力。在1914年致玛丽·哈斯克尔的信中，他坦言道：“阿拉伯文学中不乏超越我的影响力的人物，但

① 此处和后文中引用的纪伯伦言论均节选自陶菲格·萨义赫．纪伯伦新论．贝鲁特出版社，1966.

恕我直言，当下，在阿拉伯语方面我的影响力无人能及。”

纪伯伦没有妄言。

这让我们得出一个基本认知，即纪伯伦集反叛者之声和先知之声于一身。他的诗歌直觉是致变而非描摹。他拒绝身边的世界，渴望进入一个新世界。因此，他的诗歌独一无二，是超越，是完善。对他而言，创造者有与众不同的特性，为人类经验和遗产注入新鲜血液。他在很多场合都阐明了这一观点。1911 年在描述自己的艺术时他说道：“我知道我的创作在艺术上对人们而言是陌生的——我指的是它是新奇的，倘若我没有意识到这一点，我会弃觚投笔”。他在给玛丽·哈斯克尔的一封信中提到了米哈依勒·努埃曼[①]，那时玛丽·哈斯克尔和纪伯伦正计划出版一本关于努埃曼的书，其中包括不同作家的学术研究。他们一起探讨了努埃曼用英语写就的一篇论文，但经研究后，决定弃用。对此，纪伯伦解释道：“每位诗人都有各自独一无二的闪光点，这是他们创作和表达的源泉，然而努埃曼的文章中却鲜而有之——这本应是诗人的灵魂。”

对诗人独特性的关注意味着，真正的诗人不仅呈现个人的世界，而且根据自己的见解——站在内心和人性的高度，以独特的形式和结构来深刻、新颖、独到地呈现这个世界。从这个

① 米哈依勒·努埃曼（Mikhā'īl Nu'aymah，1889—1988 年），黎巴嫩现代著名作家、诗人、文学评论家，与纪伯伦、艾敏·雷哈尼一道被公认为阿拉伯旅美派文学三巨头。

角度来看，纪伯伦是阿拉伯诗歌中首位革新诗人，除此之外，他还是现代诗人和诗歌创作的典范。一旦提及纪伯伦关于艺术家是形式的创造者的理念，我们会更加深刻地认识到他作为现代化的先驱的重要性。

或许最能体现纪伯伦的革命性及他对未来和自由的展望的是 1913 年春他写给玛丽·哈斯克尔的一封关于艺术和自由的信，以回复她在来信中对国际现代艺术展的欣喜。信中纪伯伦说道："欣闻你喜欢国际现代艺术展，本次展览是革命，是抗议，是独立宣言。展品本身并不伟大，其中堪称精品的甚少。但总体而言，展览的精神是美好、伟大的。立体主义、印象主义、后印象主义、未来主义……所有这些流派都一闪而过，将消逝，被遗忘，因为世界总会舍弃次要的细节。但运动的精神却永不泯灭，因为它如同人类对自由的渴望一样，是真理。人可以不伟大但自由，却不可以不自由而伟大。"

我承认我最近刚开始阅读纪伯伦的作品，我也承认，他的创作，无论是思想还是表达方式，都没有让我眼前一亮，从而成为我的精神和艺术食粮。尽管如此，当我读纪伯伦作品时，仍感觉自己在倾听现代诗歌史上一个独特的"声音"。我说"声音"，因为在我看来纪伯伦之所以成为诗人，是凭着他的声音而不是作品，是凭着他意有所指的深远意义，而不是走过的道路。这是一种敢于面向过去的呐喊，是一种试图撕裂世界的表皮，穿透外表至其内核，先破而后立的声音。因此，他的声音亘古亘今，振聋发聩，是一切皆有可能的催化剂，它如一股洪流荡涤滞留在小径、历史、事物和词语上的淤泥。这才是纪伯伦的奥秘和魅力所在，而非他的作品。纪伯伦反映出许多批评家长期以来奉行的评价标准，即依靠诗人的言论。与其说纪伯伦的价值在于他的言论，毋宁说在于他的声音——声音的力度和传播范围。纪伯伦的处境好似一个在世界汪洋中缓慢而自信下沉的人，临大浪而岿然不动，百折不挠，毫不迟疑，勇往直前。他如水流般不断下滑，痴迷于大洋的深度和广度，这常常是在清晨、正午、迟暮前静默的人的状态。

纪伯伦之前的阿拉伯诗歌平庸无奇，正如他本人描述的那样：“是辗转于众人之手没有灵魂的物体”。

自纪伯伦开始，阿拉伯诗歌突然毫无征兆地发生了转向，超越那些庸俗的感情和思想的表象，投身到另一个世界——一个充满奥秘、感情和未来可期的新世界。

纪伯伦开创了一个不供消遣、不必哭泣、也不雕琢造作的诗歌领域，一个激发诗人探求奥秘、为周遭万物创造新形式的诗歌领域。

纪伯伦曾雄心勃勃地梦想改变生活，这是诗歌大地传送给我们的第一份福音。它教会我们如何在生活中和所有价值观念里播撒美的气息，如何在诗中融汇思想。它鼓舞诗人施展才能，像一粒“神的种子”那样完成它的全部使命。它在我们耳边窃窃私语，告诉我们不要甘于平庸，而要摆脱生命和思想的废墟，从内心深处燃起找寻个性的火焰。

他带着这种福音走向我们，那来自以太、与未知相伴的忧伤的声音吸引着我们，吸引我们的还有声音里回响着的对崇高和整体的渴望。然而，我们在倾听中感知到的声音还是不全的——它仅是一个开端和前奏。它正如一只振翅翱翔、刚要绘制旅途起点就迷路了的鸟，在我们的视野中消失了……它淹没在渴望创造更大价值的台阶前。

或许纪伯伦的《先知》就是这个台阶，同时也是他垂范后世之作，正如他所说的：“是阿拉伯语中前无古人的经典之作”。

纪伯伦在1915年致玛丽·哈斯克尔的信中写道：“玛丽，你可知曾经我为人们的交口称誉感到多么兴奋，但现在，我却为这赞美之词而莫名悲伤，它提醒我记着那些未竟事业；我的使命未尽，受之有愧。”

诚然，爱纪伯伦的人是爱他创作的无限性，而不仅仅是已创作的作品。

4

纪伯伦代表的第二种诗歌形态展现出由稚嫩走向新生活和

新诗的广阔天际。在此天际中，生长出第三种诗歌形态，它朝着两个维度发展，一个侧重于意义或内容层面，另一个侧重于意象或形式层面。

第一个维度以法兹·马鲁夫[①]为代表，他于20世纪30年代初创作了长诗《乘着风毯》。在阿拉伯诗歌史上，这首长诗代表了青春期那种因对现实不满而产生的多愁善感，其中交织着躁怒、爱、纯真的信仰、雄心、思念及生死天命等多种愁绪。

借此，诗人试图在这首诗中告诉我们，以太才是适宜生活的空间。那里，认知和行为的障碍消失了，界限打破了，诗人穿越时间的重重迷雾，预见未来的直觉取代了理性分析和逻辑推理。梦想成真，一切皆有可能。

在这种氛围里，人类发现了万事万物之间的新关系，而梦就是这些关系及其原料组合的基础。梦是一种在无意识的状态下，感觉到有意识时无法感觉到的探索手段。在梦中，心灵回忆起失落的原初统一，打通了自然和安拉、尘世与神界之间的联系。借此，梦成为我们重新探求宇宙奥妙——它的创造力——的一种形式。

法兹·马鲁夫用那看似苍白实则炽热的语言向我们描述了

① 法兹·马鲁夫（Fawzī al-Ma‘lūf，1899—1930年），黎巴嫩现代著名诗人，其诗风格清新、流畅，被认为是阿拉伯现代文学的一颗明珠。

挣脱现实和白昼羁绊的解放之路，但最终他发现那只是另一个白日梦。人类本身就是梦，怀着所有的梦想，被大地束缚，受泥土约束。因此，尽管法兹·马鲁夫与神性有密切的关系，在这首诗中他还是为我们营造了人类悲剧和失去想象力的氛围，以及被禁锢在大地这个被他称之为牢狱的宿命。

法兹·马鲁夫在寻找某种救赎。他发现自己无法在宇宙星辰中自由地生活，生命必须匍匐于大地，而寻找尘土之外的救赎只是徒劳。最终他确信，如果可能的话，只有通过写诗才能得到救赎，救赎隐藏在诗中，二者既分离又统一，相互依存，成为命运共同体。

总体来说，以法兹·马鲁夫为代表的这一维度的诗坛，涌现出了一批殊途同归的诗人，包括但不限于艾布·卡西姆·沙比、阿卜杜·拉赫曼·舒克里、阿里·马哈茂德·塔哈、易卜拉欣·纳基，以及长诗《迷雾之上》的作者阿卜杜·拉赫曼·加尼姆。无论这类诗歌的表达方式如何灵活多样，它们都是大地上的一场苦旅，旨在超越现实。旅途上除了未知的苦难，一无所有，唯有诗歌才是世间幸福的源泉。在这类诗中，我们发现一些诗歌意义重大，有助于我们研究阿拉伯诗歌中的浪漫元素和形而上学元素，研究诗歌结构，研究阿拉伯现代诗人与遗产的关系，以及诗歌词语与哲学意义的关联。

如果说这一维度的诗歌以这样或那样的方式教导我们向往

超凡脱俗，那么另一维度的诗歌则试图揭露并如实呈现世界的本质，让我们感受到痛苦、罪孽和邪恶的存在。伊利亚斯·艾布·沙伯卡就是这一维度的主要代表人物。他在夹缝中求生存：一边是童年、梦想和纯真；另一边是世界，即现实或尘世。后者潜藏着邪恶，是充斥着毒蛇的天堂，也是诗人口中“哀叹的沼泽”“腐败的染料”“污垢”“堕落”和“猜忌的海洋”。

伊利亚斯·艾布·沙伯卡发现人类在这个世界中是邪恶的牺牲品。同样他也发现，邪恶的力量只是表象，真正的力量隐藏在人的本质和内心深处。因此，当他强调邪恶时，也强调人类有能力做到趋善避恶。正因如此，伊利亚斯·艾布·沙伯卡积聚经验，让心灵成为纯洁、明净和纯真的圣殿，不让心灵堕落为诗人自己所称的“卑贱的洞穴”。

诗人逃离现实生活的噩梦，追寻他心中的至纯之地——梦想、童年和纯真，而非生命体也“饱含着爱”，诗人在创作中寻找看不见的造物主形象。

他在这些永不停止的梦中，希望乘上强大的语言翅膀，它狂暴、鲜活、跃动，使诗人能够生存并超越现实处境，穿越现实和梦的距离，与自我和内心欢快地相遇，借此，他试图营造一种持久的艺术狂喜和陶醉的状态，以克服对世界的恐惧。因此，他的语言似乎在模仿现实，甚至在暗示周遭的恐怖和暴力。他的语言是现实的投射，言辞与周围万物有着某种契合，语言好像是物本体，有了物本体的味道。

5

两次世界大战期间，大部分阿拉伯诗人即使不遵循纪伯伦的诗歌创作手法，也想像他一样坚定不移地冲破陈规的藩篱，渴求革新。这里要提一下，我认为有两个诗歌向度奠定了阿拉伯诗歌形式美学的基础，它们迄今仍然深刻影响着对阿拉伯诗歌的理解和审美品位。第一个是艾迪布·马兹哈尔代表的向度：虽然他的诗作数量不多，水准不高，但开风气之先，以独具西方特色的语义和表达，为部分诗人，尤其是黎巴嫩诗人，开拓了诗歌语言的新维度，即象征主义维度。伊利亚斯·艾布·沙伯卡在《阿拉伯人与法兰克人之间精神与思想的纽带》一书中将这个开端描述为“悲观与瘟疫”。

第二个向度更为重要，因为它更深地根植于诗歌传统，更有力地挖掘了阿拉伯语及其奥妙。这一向度的代表人物是哈利勒·穆特朗，他认同并主张诗歌革新，而且极尽所能地开展诗歌实践。他在《新月》杂志1933年11月刊中说道：“艺术在自由的氛围中日臻成熟，一韵一律的严格限制违背了艺术的自由精神。前人有自己的方式，我们又为什么不能创造我们的方式？只要人类的创新不枯竭，诗歌就不会千篇一律。既然诗人的风格并不受韵律和韵脚的拘囿，那么我所倡导的革新也并不全然在于诗人的风格。尽管如此，我仍将竭尽全力，以我在这方面的最新经验，在继承的基础上创新，继而在韵律、韵脚、形式和意义等诸方面进行革新。”①

穆特朗在诗歌创作中实践了自己的主张。他使长诗成为一个与封闭的自我稍有距离的客体，他还统一了诗歌的结构，并为阿拉伯现代诗歌注入了史诗般的气息。从这个角度看，他的诗歌可列入 20 世纪上半叶最重要的阿拉伯诗歌之列。

6

如果说纪伯伦代表的诗歌倾向是起点，那么各式各样类似象征主义和浪漫主义的形式主义则是终点。前者是一个开放的世界，后者则是一个封闭的世界。在阿拉伯诗歌遗产中，纪伯伦是前无古人的开创者，而形式主义则在诗歌理解、审美和表

---

① 在哈利勒・穆特朗之前，贾米勒・绥达基・扎哈维曾将韵脚描述为：“一个古老的成分，自‘蒙昧时期’诗词诞生之初，就在以部落战争和冲突为主题的赞美诗和激情诗的各联句的句末单词中重复出现。当下，它必须被彻底清除，因为它已没有益处，且由于其对诗歌的桎梏而使诗歌无法像其他艺术那样自由发展。如若诗歌从韵脚的束缚中解放出来，诗人则会转向他们想要表达的意义，而非单词；转向内心的真实感受，而非因每行联句末的韵律的限制及其独特的语法形式要求而被迫造作的虚伪感情。”（贾米勒・绥达基・扎哈维．每周政治．1927），阿卜杜・莫尼姆・哈法吉在 1949 年出版的《“蒙昧时期”的文学生活》一书的第 155 页中也援引了该表述。

达方面达到了因袭前人的高峰，尤其是因袭了祖·鲁马[①]、艾布·泰马姆、谢里夫·里达等人的诗作。人类和世界始终贯穿于纪伯伦的视角和立场中，但继他之后的形式主义的代表人物，则热衷于雕琢、矫揉造作、哗众取宠和外在的浮华。由此，我们认识到，阿拉伯诗歌的形式主义尽管表面上看起来打破了对阿拉伯诗歌传统的模仿，但实际上它只不过是其在雕饰与造作等方面的极端延续。

按这种趋势发展下去，诗歌创作不仅不能提供新视界，打开新天际或表达新的精神体验，反而会被精心雕琢成珠宝首饰。如此，诗歌远离了亲密的内心世界，在空洞的思想框架中打转，放任词汇代替诗人去做梦，去想象，去狂欢。诸多词汇堆积在一座看似熠熠生辉的孤塔中，但当人们走近时，却将身体置于门外，仅探头观望。因为，里面除了词汇空无一物，词汇间没有互动，没有关联，没有拓展，无法解域，在经院式的同一结构和组合中团团打转，以几乎一成不变的形式和意义来复制意象。原因在于，这里的诗歌支柱是游戏，而不是现实；是词语，而不是活生生的人。当行动脱离现实，它就变成了空洞的游戏怪圈。当词汇远离人类，它就无法成为思想创造和迸发的载体，只能是造作和装饰的道具。

① 祖·鲁马（Dhū ar-Rummah，696—735 年），伍麦叶时期（661—750 年）著名诗人，其诗以写景状物，尤其是沙漠景观见长。

如此，形式主义建立在公式和模板之上，世界成为其中的游戏，自由也与幻想和迷思混杂在一起。

形式派诗人继承了一种古老的诗作技巧，有些诗人还将其发展为空洞的声音。的确，他们在精美雕琢的陈旧形式上进一步提炼、粉饰，使其看起来更加光鲜，更加凝练，他们还在其中播撒了玩味的种子，但是他们既没有把它解放出来，自己也没有从中得到解脱，他们仍将其桎梏于原有的模板中。大部分陈旧的形式松散宽泛，没有生机，变得琐碎而狭隘；看似比原来和谐，实则更加令人窒息。

形式派诗人忽视了外部客观世界，漠视了万物。他们的诗表达不出新意，也没参与到现实生活中，对外部世界熟视无睹，虽然也观察周遭万物，但只凭推理，注重描写，依靠造作。因此，在他们的诗歌中我们很少能看到某种立场或客体，也没有视野，看到的只是某种旋律层面的夸夸其谈。诗歌丧失了本质，因为空洞无物的诗歌，其音乐性和韵律都成了空谈。因此，诗歌表达从本质上应该与我们所说的语义、意义及内容密切相关。换言之，忽视这种联系就意味着诗歌成了外部模具或框架的牺牲品，诗人只能保持沉默或将诗歌囿于形式的模具中。然而诗歌不仅仅是旋律，它更是旋律和表达的整合体。旋律整合了节奏和语义，表达则同时将读者与诗人及客体联结起来。诗歌的精妙意趣在于词语和音节的心灵律动，前提是，这种律动源自内心情感的迸发，否则就会变成空洞冰冷的铃声。

沉溺于形式主义甚至会导致诗歌的瓦解——即韵律独立于意象和思想而存在，独立于诗歌的功能而存在。诗歌语言的节奏并非生长于旋律之外的表象，而韵脚、音节、字母搭配得和谐与否，所有这些都是表象，或者是节奏原则及其普遍规律的特殊情况。节奏能够超越表象，直达心灵，揭示词语、人类和生活彼此沟通的奥秘。

除此之外，形式主义还导致了重复，也可以说它本身就是重复。部分诗人因机械地重复使用单词而使诗歌形式趋于固化，成为一成不变的规律。反过来，又使诗人成为这一规律囚笼中打转的俘虏。于是规律取代了诗人，成了规律在作诗，而非诗人在作诗。此时，诗人仿佛只是回声或回复，或是一架收播器。

形式派诗人甚至宣称他们首要关注的美学就是虚幻美学，非可见的现实；这种美学与世界无关，它是幽玄的、心灵的，而非现实的。他们也按照这个标准，来判断女人是否貌美。如此，诗歌的目的只是接纳，而不是探寻，是确证而不是致变——因为它被囿限于终极的完美概念之内。然而，美是无限的，是运动的，它与具体的人而不是与形而上有关。真正的美是可见的，而不是虚幻的。

由于上述所有原因，形式主义使词语既成为雕饰的工具，又成为目标。诗人如宝石一般使用它，仿佛它是串成美学项链的众多珍珠中的一颗。如果说词语曾经亡于人云亦云的疾病，那么同样，它现在正亡于“形式主义”的疾病。对于前者而言，它是干涸的地表，对于后者而言，它是黑暗的城堡；它在失去了生命力之后，又失去了内在空间；在坠入万物枯竭的棺椁中后，又隔离于初现的万物王国之外。

把词语作为唯一目标的诗歌源自一种浮华的直觉，它过分夸张，以至主题被奢华的光芒遮蔽，抽象的思维庖代了有活力的真实存在。诗歌为我们开启了世界的大门，照亮了漫长人生旅途的前景。但形式主义裹挟下的大部分阿拉伯诗歌，却成为我们与世界隔绝的力量，使我们与世界奥秘之间的关系迷雾重重，它本身也成为一种负担和桎梏。因此，这种形式主义没有给我们呈现一个崭新的诗意世界，或全新的视界，抑或簇新的艺术和人文价值。它只是另一种形式伪装起来的因袭，带来的变化不过是古代诗歌概念和框架里泛起的表层涟漪。[①]

我从诸多阿拉伯诗人中列举了一些穷尽诗歌创作之力的大家，他们有的达到了某种特定诗歌的巅峰，有的代表着诗歌历程中独特存在的力量。在列举的过程中，我发现了可以助我阐

---

① 赛义德·阿克勒（Sa‘īd ‘Aql，1911—2014 年），黎巴嫩当代著名诗人、作家和语言改革家。他对以往盛行的诗歌语言进行了革新，并将语言本身发展至美学的极限，在这个方面他占据了显著地位，甚至起到了关键性的作用，值得我们对其进行个案研究。

明本文意图的因素，于是我从创造力而非历史的角度出发，聚焦于独特的诗歌理解，从诗歌内部而不是外部来研究诗歌，关注诗歌的致变力量而不是因袭力量。

还有些诗人代表了一种特殊现象：他们虽然在诗歌创作上以各种方式因袭古代诗歌的理论或表达方式，而且和前人的创作水准不分上下，但他们的声音却和前者有所不同：他们结合各自的个性把古代诗作技巧发展到无法超越的高度。这些诗人若出现在阿拔斯王朝、倭马亚王朝或“蒙昧时期”，可以与那个时代的诗人比肩，共同构建当时的诗歌大厦。毫无疑问，从这个角度出发，他们是伟大的诗人，他们包括但不限于艾哈迈德·邵基、巴达维·贾巴勒和穆罕默德·马赫迪·贾瓦希里。

二、前景

1

阿拉伯新诗的基本难题是，我们如何做到既能与传统协调发展又能与之有所不同。首先必须区分“现代”和“新”这两个概念。“新”有双重含义：从时间上看，它是最近的；从艺术上看，它是前所未有的。而“现代”则只是个时间概念，即一切没有过时的事物。所有新的都是现代的，但不是所有现代的都是新的。由此，我们可以理解某位当代诗人，或生活在我们身边的人，也许他同时又是一位老人。“新”涵盖着一个艺术标准，但“现代”并不必有这个标准；“新”的标准蕴含着创新和超越，其本质是充盈的，用之不竭的。我们可以说，从评价的角度看，诗歌创新的首要含义就是具有前所未有的致变能量，这个能量一方面能走出过去传统的窠臼，另一方面又能拥抱未来。

的确，新诗的影响力揭示了相辅相成的两个方面，内容的新奇和方式的新颖。所有的创新概莫如焉：对过去的批评和对当下的建构。新诗影响力主要体现在：它作为一种致变的能量，能在多大程度上显示出与以往影响力的差异以及对当下和未来的丰富和补充。

所有的创新都意味着创造一个世界：真正的诗人，通过他的诗歌向我们展示了一个个人世界，而不是一堆印象和藻饰。因此，每项创新都是一种超越和改变。

当我们意识到这一点后，就不难理解真正的“新”和所谓的“新”之间的区别了，也不难理解“创新”“时尚”“标新立异”的区别。“标新立异”是当下转瞬即逝的狂热，只图个新鲜，挂着“新”的招牌，除了“新”，别的什么也没有。

“创新”和“标新立异”常常纠缠在一起，真假难辨，而“新颖”又常常披着时尚的外衣。“标新立异”是转瞬即逝的河流，而“创新”却是幽远、绵长的大河。如果说“标新立异”是一朵浪花，那么“创新”则是深思熟虑和行动力；如果说“标新立异”是件时尚的外衣，那么“创新”就是预言；时尚的外衣可以折射出表面光鲜的生活，而预言则能反映出生活的深层内涵。

今天，“标新立异”和生活便捷的力量试图冲击我们阿拉伯生活的方方面面，但其影响却是负面的、表层的，尤其在一个传统占主流的社会里，守成的心理统领生活。从精神层面看，这股力量使该社会束缚在一种枯竭无力的思维模式中；从生活层面看，这股力量全面淹没了社会，毫无创新思维可参与生活的建构。由此，生活的真义和表象之间产生了断裂，矛盾更加尖锐和深刻。

也许正是这道横亘在我们面前的鸿沟，割裂了现代生活方式决定的现代世界和我们的思维方式决定的传统价值观，这才是当今阿拉伯文明遭遇不幸的最深刻原因：我们的身体生活在现代，可我们的思想却生活在古代。即使普通大众可以接受这样分裂和被分裂的现实，而诗人却不能，诗人拒绝这样的现实，为了重新找回世界的完整性，为了超越这个矛盾，让我们自己的生活方式来表达和呈现我们自己的思想吧。

不光“标新立异”是创新和革新的敌人，它的帮凶还有：抱着过去生命力枯竭的价值不放的旧习；习惯于取巧、重复、机械、呆板、意识萎靡、麻木的惰性；否定时间、否定变化的思维定式。由此，社会和文化之间产生了差异：具有充满活力文化的社会要求诗人和作家发出自己独特的、纯正的声音，而具有死气沉沉文化的社会则否定特性，拒绝每个诗人用自己独特的、鲜活的语言和新锐的精神向度来发声，它希望写作成为家喻户晓的产业，人人皆大欢喜，它要求诗歌和艺术惠及大众，尽管它接受了新的生活模式，但却在思维创新上优柔寡断，与之抵抗，甚至拒绝接纳新思想。

今天我们的阿拉伯生活需要我们去重新创造一种爱。诗歌亦如此。

2

新诗人创作一首诗歌，并不意味着从事一种写作，而是意味着把世界转换成诗歌：在诗歌古老的形式基础上创造新面貌。一首诗是一件新生事物，而诗歌是用语言和理念建构的过程：建构一种我们不曾熟悉的世界和潮流。因此，诗歌就是不断地超越，它不仅是一种改变生活的力量，而且还推动生活各个层面不断发展、丰富，向前迈进，不断提升。

由此，可以说，诗歌是一种对人性及其本源进行最深入探究的体裁，诗歌蕴含的情感最纯洁、最真挚，与人的内心联系最紧密；诗歌是自我和他者之间最初的对话方式和联系手段，它有效而必然地植入人的心灵深处；它是一股激情，传遍人的身体，并通过诗人的行为、态度、思想和情感传递到生活和现实中。

创新是一种超越，也是一种选择，创新之人必然弃旧纳新，但放弃并不意味着拒绝，这里的拒绝意味着接纳新事物，确切地说是寻找新的发展路径，寻找新的发展路径是阿拉伯新诗运动最重要的特征，这是同一事物的两面。因此，我们不难理解为什么旧的事物应该为新事物服务，如果这个道理得不到承认，那么社会必然走向衰微和没落。

也就是说，拿过去做比较，以过去的标准来评价新诗创新的做法是不对的，应该根据新诗现在的语境、诗歌本身特殊的本质和创新规律来评价一首诗。每次创新都如一道闪电，不可复制；每次创新都是突发的，具有原创性和自主性。

可以说，诗歌是原生原发的事物，与其他文化现象不同，它是人类精神的外溢，也可以说是人类历史的精神外溢，所以诗歌是人类表达的最高形式，教会我们如何拥抱时间和永恒，使二者合二为一。当我们在读祖·鲁马写给恋人美雅的诗时，或在读穆泰纳比倾诉自己远大抱负和乡愁的诗时，诗歌把我们带入了所有恋人的世界，或带入了人类理想和孤独的世界，它超越时空，超越个体，将瞬间化为永恒，又让永恒凝固于瞬间。

3

因此，新诗人自觉地与那些过去在我们遗产和民族特性中充其量只是外在形式和条条框框的一系列价值观、概念、思想划清界限，它们曾经统领了诗歌的氛围，最终把诗歌变成了格律练习，使其陷入浮华、玩乐的境地，生活变得匮乏、狭隘。

这种分离让诗人更好地理解过去，加强与诗歌源头的联系，并且更好地理解自己，理解遗产，使他用全新的眼光来看待一切。他超越过去，走向未来，超越已知，走向未知，超越现实，走向一切可能和可能之后的可能；在面向未来的激情中，他确信不能满足于找寻让过去更加伟大的事物，而应该找寻超越其上的精神内核；他不再寻找昔日已逝的天堂，而是看见了在昔日辉煌中，能证明未来更加辉煌的事物。

从此刻起，诗人才真正明确自己和遗产之间的关系意味着什么，遗产在创新方面意味着什么。诗人并非与被记录下来的物质遗产发生关系，而是与其背后的意义发生关联，即这个物质遗产从产生到存在的整个过程。被记录下来的物质遗产终究是死板的。书籍也好，思想观点也罢，只能进入诗人的文化结构里，但不会进入诗人的创新视界中。要创新就必须与源头、视野、展望结合在一起，看到本源、特性、奥秘和象征，怀着纯真和思慕，去探寻、行动和超越，在不断感受波涛汹涌、矛盾激荡、奇发突变中保持永久的赤子之心，那就是生命，没有尽头的生命。

以书本及其中的典章制度发声的人传递给我们的只是微弱的历史回声，然而，从真正的源头发声之人，传递给我们的是百万之声，将我们每个人的命运提升到人类命运共同体的高度。穆泰纳比的声音并非仅是一个叫艾哈迈德[①]的人的声音，而是那个时代人民的集体之声，是使命，因而，穆泰纳比震撼了我们的内心。他和所有伟大的诗人一样，用他的诗抚摸人性的深处，让万物一同为之震颤，个人的孤独融入人道主义的整体中。由此，诗歌就像预言一样引领我们进入超越个体的疆域，这就是诗歌的伟大之处，我们可以说，天才的话语不是来自他个人，而是代表着群体。

因此，我们看到，被记录下来的遗产不管多么丰富，对创新者而言，充其量不过是赖以奋进和超越的文化基础，不能因

① 穆泰纳比的原名叫艾哈迈德·本·侯赛因·本·哈桑·本·阿卜杜·萨麦德·贾阿菲，穆泰纳比是他的绰号。

循守旧，循规蹈矩。创新性诗人的观点绝不是延续固有的价值观和规则，而是超越它，也只有超越，创新观点才能更加丰富、全面、高远。

4

传统观念认为诗歌即传说，诗歌即思想，诗歌即藻饰，诗歌即写景描状，诗歌是与形式无关的外在主题。然而，新诗人以一系列的新价值观取而代之，认为诗歌是人内在本质的爆发，诗歌是人对宇宙的洞见。新诗是发乎情的，它来自人的内心深处，随世界的变化而生长。它不是诗人偶然的心血来潮或灵感乍现，而是一种激情、一种视界、一种直觉。

因此，相对于那种自我封闭，只能用一种方法、一种视角来解释的诗歌，新诗人向往的是创作出思想开放、充满各种可能性的诗歌；前者的形式必然是闭塞的，而后者则是开放的；形式多样的诗歌必然取代形式单一的诗歌。

形式开放的诗歌蕴含着反常规性，往往独辟蹊径，不断改变我们的诗歌标准和审美品格，因此，新诗人以变化反对稳定，以无限反对有限，以开放、多样、无穷尽的形式反对封闭、单一、停滞不前的形式，同时宣布诗歌要超越其固有的局限，走向一个由多元形式、精神和表达构成的广阔世界，超越一切囿限、一切类型、一切规约和传统。

5

我们称之为诗歌的事物从来没有独立的形式，也没有绝对的、一成不变的标准和价值观，因此，也没有什么事先预设的特性和规则来制约诗歌及其概念、形式和范畴。

只有诗人及其诗作才是真正的存在：在不同诗作的不断更迭和完善中，形成了对诗歌的认知、理解和审视。因此，诗歌是个开放的系统，每个创新诗人都在丰富着这一系统，使它走得更远；与此同时，每个诗人的创新都是源泉，都是对过往的重新审视，对源头的重新评估。

如果我们要谈及诗歌、诗人以及具体的诗作，那么我们应该意识到，诗作是我们理解诗歌真义的基础。诗作是一种节奏形式，将一个或多个节奏纳入统一的结构中。但仅有节奏形式的诗作还不能叫做诗歌，诗歌还必须提供主旨，即视界或洞见，通过诗作这个身体，或材料，或节奏形式，传导给我们思想；仅有节奏形式的诗作充其量只能叫做产品，因为诗歌不是一门研究者和科学家可以逐步开发的科学，它没有一套规章制度和形式逻辑可以遵循。

“诗歌是合辙押韵的话语”这个标准本身就与阿拉伯诗歌具

有纯自然属性的说法自相矛盾，自然属性意味着诗歌是自发的、天然的、偶然的，而前者的标准则是一种理性的、逻辑的判断。

6

认为诗歌形式是独立的、一成不变的观点实质上把诗歌当成了一门产业，把能指和所指分离开来：形式放在一边，主题放在另一边，各自独立。诗人的工作与其说是让二者协调起来，不如说是成为一个精心打造这种和谐的高超匠人。

这种二分法是人为的。因为，诗歌里的能指和所指、形式和内容是共生关系，而非独立与协调的关系，也就是说，诗歌的内容和表达方式是有机融合的整体；世上没有独立自成一体的真理，只有不同的见解和观点，世上没有永远适用的规则，这是很自然的事情。因此，诗歌不像科学，科学的特性是遵循稳定不变的定律，保持能量守恒；诗歌的特性是，它先于定律而存在，旨在解放能量，让这股能量喷涌迸发，为它指明道路。我们这么说，并不意味着今天的诗歌必然比昨天的好，而是说，我们今天所处的文明时代，与祖先们不同了，如果我们想活得真实，真正地活着，那就要拥有独特的表达方式和独特的诗歌形式。

艾布·努瓦斯写不出乌姆鲁勒·盖斯的诗歌，艾布·泰马姆并没有按照纳比埃·祖卜雅尼[①]的风格作诗，穆泰纳比也没有遵循祖海尔·本·艾比·赛勒马[②]的方法，诗人不效法前人的路数；如果一定要继承的话，继承的也是祖先们因袭下来的那股推动世界前行的鲜活的力量，那股推动每个创新者代代相传的力量。

那些反驳阿拉伯诗歌韵律学创始人哈利勒的人，没有明白韵律的含义和概念，当时哈利勒奠定阿拉伯诗歌韵律学基础时，并非想把它奉为未来诗歌的圭臬，而是想借此记录他那个时代的人所共知的阿拉伯诗歌韵律节奏。他的工作很伟大，为我们保存下来了所有的节奏并将它们有序编排成若干模式和韵律。

然而，跟人类一样，节奏在更新，没有什么事物能阻挡阿拉伯诗歌格律和节奏的更新；再则，哈利勒的韵律也没能涵盖阿拉伯诗歌的所有形式，只是总结了其中的一部分。阿拉伯诗歌形式并不是一代代叠加的经验组合，不是世代相传的纯粹的装置或工艺模型。诗歌形式与诗歌内容一样，只能生成，不能照搬硬套；只能创造，不能拿来；只能更新，不能因袭。如果诗人重复非其时代的诗歌形式，抒发非其感情的感情，过着非其生活的生活，那他就不是一个真正的诗人，充其量只能算个

---

① 纳比埃·祖卜雅尼（an-Nābighah adh-Dhubyānī，535—604 年），“蒙昧时期”著名悬诗诗人，被誉为一品诗人，评论界认为他的诗歌起兴最美妙，词语最华丽，诗句最精炼。

② 祖海尔·本·艾比·赛勒马（Zuhayr bn Abī Salmā，约 520—609 年），“蒙昧时期”著名悬诗诗人，作诗时注重推敲、锤炼，字斟句酌，被同代诗人尊崇，视为楷模。

工匠。

诗歌形式处在运动和变化中，不断生成。

鲜活的诗歌形式处在永恒的重组中。

7

新诗没有固定不变的终结形式，为了跳出韵律和节奏的禁锢，它始终在不懈努力，以便从好似波涛般汹涌澎湃的本质中获得灵感，那是一个无法抵达的整体和没有尽头的本质。形式不再仅仅是美学范畴，传统意义上的美学思想已经死去了。

新诗的功能性目标已远远超出了这个美学意义。

首先要有新诗形式在场，我们才能谈论其节奏和韵律，它的在场并不能从抽象的形式上评价，而要深入诗的生命力内部。当诗歌的形式和内容作为一个整体而存在时，诗歌才具有了真正的美学意义。因为，如果把形式和内容割裂开来看，就会抹杀它的艺术影响力。如果美学内容本身因剥离了形式而被破坏，那么美学形式本身也会因给诗歌套上了空洞的结构而荡然无存。

哪一种结构可以让一首诗歌存在，那么该结构就是这首诗独特的形式，其形式就是这首诗本身。其语言无法与言语脱离，其内容无法与词语分离；形式和内容唇齿相依，统一在每首诗的肌理中，这个统一一旦出现裂痕和脱落，都会导致该诗的衰落。

8

新诗引起了一系列关于形式—结构的问题，其中包括非格律诗问题，有的人认为，没有格律就不是诗。

以格律来定义诗歌是一种从外部定义诗歌的方法，很肤浅，也许与诗歌本身是背道而驰的。这种方法是对韵律的定义，而不是对诗歌的定义。不是所有带韵律的话语都是诗，同样，也不是说散文里不能有诗、散文诗可以不是诗。但是，无论诗歌如何摆脱形式和韵律的束缚，也无论散文如何具有诗歌特征，诗歌和散文都是有本质区别的。首先，散文是对某一思想的连贯表达，而诗歌不需要这种连贯性；其次，散文传递有限的思想，希望意义明了，而诗歌则传递感受、情绪和经验，其风格隐晦，此处的感受是一种态度，与风格紧密相联，而散文不必；再次，散文是纪实性的描述，带有特定的外在目标，而诗歌的目的就是其本身，其意义因诗歌内在的魅力和不同读者的感受而不断变化、更新。

换言之，如何使用语言是区分诗歌和散文的最基本和最直接的标准，在表达和意义层面我们让语言背离它的常规使用方法，在语言的能量上增添震撼、诧异、惊奇的特点，这就叫诗。意象是这个标准的最重要因素，哪里有意象，哪里就有新画面，就是对语言的非常规使用。

因而，诗歌和散文的区别绝非仅仅是遵循韵律那么简单，那只是形式上的区别，而非本质上的差异。

散文诗发轫于阿拉伯新诗运动，其诉求是让语言及其语法规则、表达方式满足于新的需求，以便再次从阿拉伯文化遗产中激发诗歌的本真含义。在我们的遗产中，散文和诗歌有着截然区别：诗歌是一对联句的艺术，即作诗，其本质是形式。也许有人将诗歌的定义表述为合辙押韵的话语，这种说法正说明了诗歌和散文的本质区别。在古代，阿拉伯诗歌不仅在体量上有别于散文，而且在方式上也不同，诗歌从本质上被看作是另类事物，这个本质就是模仿最初的、完好的样本，并在此基础上使模仿达到炉火纯青的地步。正因如此，阿拉伯诗歌产品变成了一个完美模式的衍生品。如果我们都按照哈利勒的诗歌韵律学来评价诗歌的话，那么阿拉伯遗产并没有给我们留下多少用来作散文诗，甚至作新诗的余地。然而诗歌并不受韵律的约束，诗歌内涵要比韵律丰富得多，韵律只是诗歌表达方式的一种，即作诗的一种。

如果说哈利勒韵律学规约下的诗歌必须按照传统规则来选择形式，那么新诗则不然，不管是散文诗还是韵律诗，在诗歌形式选择上是自由的，取决于诗人的经验。从这个角度看，新诗在对形式的破坏和重组之间存在着巨大的张力和无尽的对话。

哈利勒的韵律节奏是阿拉伯诗歌中的物理特质，这个特质首先表现为为歌曲服务，因此，诗歌首先必须悦耳。哈利勒韵律学的韵脚是节奏的标志，它代表句子的起始和停顿，它的存在形式比意义更为重要，成为必须记住的形式规范，也因此，它渐渐失去了它所承载的原本含义。

阿拉伯新诗的表达兼具词汇意义及声乐方面的特性，韵脚只是其中的一部分，而不是整体，因此，韵脚不是必需的。新诗的形式从某种意义上讲，就是回归阿拉伯语词语本源，找回其节奏和初始的魅力，找回它丰富的声乐本身。古代作诗要遵循一定的规则和标准，这曾经是件很美妙和必要的事情，如今，我们要超越作诗本身，回归诗歌之根，我指的是阿拉伯语词语及其节奏。新诗的形式应首先考虑阿拉伯语词语和节奏本身，而不是如何作联句。

诗人应该充分利用词汇的音乐能量，使自己的表达更全面，更有影响力，词义本身也许不能将诗人的意愿成功传递给读者，但词语的音乐能量有助于传递思想。诗歌不需要节奏和韵律的和谐，这种想法是不对的，同样，光有这两点就构成了诗歌的全部，这种想法也是不对的。

哈利勒韵律学的规则和要求扼杀了创作的冲动，至少阻碍了诗人的激情，有时迫使诗人为了格律和韵脚的完美而牺牲了诗歌的直觉。

诗歌因韵脚而失去了很多，失去了选词的可能性，继而丧失了对词义、意象、和谐感的选择。由此，韵脚常常只能发挥工具性的功能，重复来重复去，而失去了统领诗歌内容的意义性功能。甚至可能导致韵脚成为多余的东西，即便去掉韵脚也不会影响作品本身的意义，诗人不得不用与诗篇不搭的怪癖的韵脚，而作品内容被抽离了，成了空洞无物的垃圾。

诗歌不可能囿限于某种事先预设好的形式，作诗的技艺是一回事，诗歌是另一回事，有的诗歌很美，但不是刻意打造出来的；也有的作品精雕细琢，显得很美，但那有可能不是诗。

毫无疑问，诗歌初始与音乐有着天然的联系，在有序的间歇中重复着乐声，使古老的赞美诗悦耳动听。然而，句子的节奏、声音的阻隔、意义、意象、话语中暗示性的力量，以及暗示引发的各种各样的回声，所有这些无一不是音乐，它们独立于诗歌的外在形式，但也许蕴含其中。

散文诗里也有音乐，但却不遵从古老的韵律要求，它是对我们经验和新生活节奏的回应——一种每时每刻都在更新的节奏。

新诗，不管是散文诗还是韵律诗，都具有双重原则：既破坏又建构。由于新诗是叛逆的结果，因此破坏是它的诉求；而每一个不遵守既定法则的人如果想要有所创新，就必须凭直觉建构一套新的法则来替代旧的，以便诗歌的内容和形式能高度有机结合起来。新诗的一个特点就是以某种形式呈现自我，在词语表达中重组世界。

诗歌从本质上看，拒绝一切外在束缚，拒绝外部强加于它的现成的条条框框和节奏韵律，在最大限度上赋予形式以自由度，让形式挥洒自如，犹如恣意奔淌的河流。

只有变化，没有稳定；只有可能性，没有注定性；这就是我们这个时代的主流。诗人想真正表达这个时代就必须与习以为常的、普遍接受的事物割裂。他是反常规的、拒绝的人，是冲破任何界限的人，他甚至不知道什么叫界限，眼前只有创新的行动和突围的勇气。这就是我称为“整体主义诗歌”的阿拉伯新诗，它摒弃情绪化冲动的瞬间，追求成为由各种各样的表达交织而成的整体宇宙的瞬间，其中有散文，有韵文，有独白，有对话，有歌曲，有史诗，有故事，不同体裁相互交织，从而使哲学、科学、宗教的直觉相互拥抱。新诗不仅是一种表达形式，更是一种存在形式。

9

诗歌创新拒绝封闭性思维，反对以寻求答案为目的的诗歌路径，这种只求答案的思维方式会使诗歌遵从理性结构和逻辑诉求。而创新思维方式则需要直觉、灵悟和洞见，它在丰富充盈的生活中，在爆发中寻求各种可能性和多元性。它接受人的两面性:炼狱和天堂、魔鬼和天使、脆弱和强悍;接受人性本身，而不靠既定的理论；接受生活本身，而不靠人云亦云。

由此，创新思维方式绝不故步自封，而是永远在前进的路上，让诗歌充满不断追求的渴望：渴望站在更高远的境界，无论胜败，始终充满活力。这种诗歌的形式层出不穷，充满变数，暗示着人类需经历艰难曲折，处在无边无尽的运动中，生成万物、世界和世人。层出不穷的形式暗示着永恒循环，而无穷无尽正隐匿在一块石头或一棵树中。

无限和无尽即是创新的疆域，此时，诗歌是一股永恒的充满变数的洪流，诗歌形式没有范本：每一种形式自主自为，自成一体，而万物在创造的激流中，蓄势竞发，并驾齐驱，奔向未知。

10

从现实出发，诗歌以各种可能的方式敞开怀抱：人可以按照适合自己的方式，或希望的那样，或可以看得见的方式歌唱，不再受现实的顽固之壁约束。人比现实还要现实。因为今天的现实正是走向可预见的未来现实的台阶，换个角度看，甚至可以说，当他的能力难以达到预期的成果时，今天的现实已然成为一种失落。

这种欲实现各种可能性的渴望促使诗人超拔于凡人俗事之上，能真正地投身于生活，把庸常当作敌人，用诗歌武装自己，与生活抗争，作为武器的还有语言和节奏、痴情和梦想、现实和超现实。目的只有一个：开创可预见的现实；开创超越矛盾的局面，唤醒人的各种能力，并与其他力量联合，去建构一个完全人性化的新世界。开创这种局面常常需要借助愤怒的力量，这样才能引领诗人因对新世界的强烈渴望和热切追寻而与其他人分离，拒绝与其他人同流合污。

诗人讴歌他想象中的现实图景，讴歌即将到来的图景，讴歌未来的这幅图景带来的变化。

诗人以他的灵悟穿透包裹世界的外壳，同样，他潜入世界之底，开辟人性和艺术的新维度，植根于他内心深处的是，通过创作和行动而建构起来的一幅可能性的现实图景，以此取代有限的现实。因此，诗人始终行走在通向未来的道路上，不断拓展创作的视界，寻找无尽的可能。同样，各种可能性的想象以不断变化的方式在诗人眼前逐一展开，推动诗人自由而从容地走在创新路上。诗人与宇宙面对面地交流，探求宇宙隐晦深奥的秘密，宇宙是一切变化之源。

这一超现实之旅并非逃避现实，这种连根拔起的决绝姿态蕴藏着再度深深介入的渴望，迁移是返回的另一道门槛，远行是另一种形式的回归。

诗人并不是在幻想和梦境中寻找另一种现实，而是借由幻想和梦境拥抱他想要的那个现实；他只有依靠这一改变现实、改变生活的执念才能拥抱那个现实，他所期待的那个现实并非与世隔绝的抽象的隐秘，而是蕴藏着各种可能性的现实，是无穷无尽的现实。

每一个我们业已超越的现实都把我们带入另一个更加丰富、更加崇高的现实。这种对另一个现实及各种可能性的寻求给予诗歌独特的发现，使可见和不可见之物、可知和不可知之物、可感触的现实和梦境相互拥抱。由此，诗人在自我和他者之间、个人和历史之间、主体和客体之间、现实和超现实之间的既统一又矛盾的关系才得以不断推进和完善。

因此，走向各种可能性是一场反因袭、反稳定的持久性的革命。

诗人渴望始终成为一名反因袭、反稳定的持久性的革命者，以一次次的热恋和痴迷与顽固的因袭和稳定抗争。诗人将人类连根拔起，抛入能量转化的坩埚中，淬炼后得到的唯一结果就是建立起对人、对整体、对宇宙的信念，其作用便是成为永恒清醒的催化剂；他将人类连根拔起，又将自己堕入人性之底，那里有熊熊燃烧的熔炉，历史的力量及悲剧和那些细枝末叶都在其中熔化，最终留下的是充满生命力的流动的熔浆。

各种可能性孕育在未来之中，诗人因痴迷于未来而生活、写作。对未来的想象就是对变幻和转化的想象，这就是他的诗歌国度，在此，他假设出巅峰和深渊，每座巅峰都是深渊的接续，而每个深渊又是巅峰的绵延。巅峰与深渊、水与火、拒绝与接纳，都是统一运动过程的一体两面。人总是在生与死、始与终、“什么”与“会成为什么”之间辩驳和缠斗。而诗人从诗歌的角度出发，始终生活在这种辩驳和缠斗中，是其演变的亲历者、寻找者和目睹者，是处于独特的个性与普遍的人性之间、个人与宇宙之间、自我与历史之间的协调员：诗人意欲将自己和他者、时间和永恒放在一个交汇点上。

然而，未来永远是未来，求索中的诗人总处在走向未来的途中，却无法抵达。令人窒息的哀伤啊，走向一个永远无法抵达的未来的创造者的哀伤啊，它似乎在向诗人昭示着他会得到那个东西，那东西在他眼前闪过，存在于他内心深处，但却永远在远处；它总会走来，但不在此时此刻。在等待中，诗人感到自己游离于时间之外，处于一种非时间也非永恒的中间状态。

也正因如此，新诗看起来很蒙眬，充满矛盾，但在诗人的言辞和情感里，火与水紧紧相拥，使许多人误以为他的诗如同相互吞噬的浪花。

11

我们可以说，每首伟大的诗篇都是洋溢着变化的抒情诗，荡涤一切形式的矛盾，将矛盾熔化于一口沸腾的熔炉中；抒情是在变化的运动中揭示未知的急先锋，是照亮当下和未来、照亮人类及其命运的急先锋，是表达和描绘即将到来的人性力量的急先锋，预示着一个将变为诗歌的世界的诞生：统一的人性力量踏着统一的人性节奏在创新，在超越。

这种抒情性是摄人心魄的深沉的呼唤，好似从世界的各个角落奔涌而来，将世界变成由无数光芒和创造力组成的网络，让我们感到浩瀚宇宙的脉动。在每首抒情诗里，我们可以品尝到未来的滋味，人性伟大的滋味，波涛般汹涌的力量承载着它，它是永驻在整体世界里的真实的内核，意欲抵达无尽的边界，与他者相拥，与他者成为完整的一体。而只有与宇宙交融，它才能完整。

这一切赋予抒情诗以先知先觉的气息，使人性升华，变得崇高，感受到宇宙的恩泽，身体、灵魂、光、语言、节奏和情感漫游于一个全新的令人心醉的奇妙世界。

这种抒情性是人类宇宙的真实，是人类实现真正人性的至高表达，个体和整体、小宇宙和大宇宙合二为一；这种抒情性让我们能穿越物理空间，根据节奏的波动及其涟漪在时间上重组各种形式。

此时，诗歌启示着整体的在场，使我们与整体相融共生，这是无终结的漫游，是多维度的迸发，由此，向无穷无尽敞开的、具有灵悟性的诗歌在一个开放的、具有灵悟性的时代里成熟和完善。

由此，诗歌具有了魔力，世界为之折腰，历史为之震颤，岁月为之摇摆，诗歌成了魔指，万物皆可信手拈来，随心所欲，想变就变。借此，诗歌便能远离昔日绿洲中僵化的状态，成为燃烧和变革的火焰；便能抛开失去的天堂，投向未来和未来的乐园。

12

有些人抱怨这类诗歌蒙眬晦涩，也许这一点是由新诗本身的风格造成的，当然新诗的形式也增加了这种蒙眬度。

新诗是对原有清晰标准的反拨，清晰使诗歌显得肤浅，没有深度；新诗也是对模糊标准的反拨，模糊使诗歌走入死胡同。

尽情开放的花儿固然绚烂，可是不诱人，不加遮蔽的清晰除了清晰的力量别无所有，失去了诗意。诗歌存在的世界像静默而羞涩的玫瑰，每时每刻都准备将自我掩盖起来。真正的诗歌世界是半沉寂的世界，是半开放、半隐蔽的世界。

清晰是写景状物诗、叙事诗、纯情诗的本质，因为这些诗歌旨在表达某种确定的思想、确定的意图，而真正的诗歌却不以此为目标。诗人并不从某种清晰的、确定的思想出发，而是发自连他自己都未必明了的意图，因为他的经验从不遵循某个确定的主题，或思想，或意识形态，或理念，或逻辑。他的直觉作为一种愿景和行动力，始终引领着他勇往直前。

在他的诗歌经验里，直觉是创新和发现的动力，绝不是点缀和美化的妄想，直觉带着他东奔西突，改变着他和语言的关系：语言不再是他与别人日常交流时的工具，而是联结他内心世界和所向往的意义世界的纽带。因此，他活得很高远，在那个高远的天际之外，他既熟悉又陌生。

13

既然诗歌是对现象的超越，是直抵某一事物或整个世界的内在真理，那么，语言就应该脱离它的常规意义，因为，常规意义只能导致一般性的普遍看法，一般语言仅仅阐明事物，而诗歌语言是隐喻性的。因此，诗歌从某种意义上看，是让语言说出非凡的话语，诗歌语言的作用就是冒险：用一种人类语言来道出无法表达的情绪和真理，道出一般性语言无法转译的语义。这便是诗歌的疆域，从这个角度看，诗歌是对语言的不断革命。

诗歌有一种魔力，它旨在领悟理性无法领悟的事物，语言的使命就是捕捉平常捕捉不到的意识，更确切地说，是这门语言素昧平生的事物。诚然，只有能表达出来的事物才算是存在物，而能否表达，与其说取决于作为词汇的语言的存在，毋宁说取决于诗歌的存在，它使语言具有对万物一语中的的魔力。因此，语言不满足于仅仅将词汇作为表达思想的载体，而是要让词汇承担起开辟主题、在自身之外解放主题的责任。

词语即目标的时代已经结束了，随之一起结束的还有：诗歌是语音的化学反应的时代。今天，诗歌已然成为感悟的化学反应。这里的感悟指的是情绪和思想统一起来的实体状态。因此诗歌是从诗的角度，经由语言，将人的处境进行重新整合后展现出来的世界。

这就意味着，诗歌语言与其说是表达性语言，不如说是创造性语言，诗歌不是对世界的同步接收器，诗人不仅仅表达想表达的就够了，而是要以全新的姿态，开疆拓土。有些诗人仍然秉持词语目的论，他们认为有些词富有诗意，有些没有，诗歌在他们眼里似乎是辞藻的马赛克拼接。然而，世界上凡是词汇，都自有其诗意，在使用时，它可能具有诗歌的能量，也可能不具有；词汇通常有其一般的语义，然而在诗歌里，它须超乎寻常，以便获得更广、更深的语义；在诗歌里，词义必须超拔于常态，超拔于普通话语之上，具有更丰富的语义；诗歌词语并非旨在细致地说明或严谨地阐释某一思想或某一主题，而旨在成为孕育新生命的子宫。再则，语言并非绝对的实体，它臣服于我们的内心，我们通过它来充分表达自我。因此，语言不能自我封闭，而诗歌词语也不是一堆声音和谐的术语的堆砌，以此来表达某种现实或某一事物，它是声音和直觉构成的意象。义和音之间的关系有的建立在音与物的关联上，有的建立在与直觉的关联上。阿拉伯语很特殊，词和音之间的首要特征就是诗意，它逃离了固化的概念和逻辑性定义，它在内心活动中流溢和爆发。经由诗歌创新，丰赡的语义四处发散，成为由节奏、灵悟、激情构成的密集的无疆的语义丛林，词汇脱离词典里或日常用语里固化的词义，意义变得纷繁多样，蕴含着各种可能性，根据所处的语境、前后的关联及诗性直觉来或增或减。

14

我们可以把变化中的、已被新诗超越和正在超越的阿拉伯古诗审美标准归纳总结如下。

（1）格言。它来自阿拉伯民族的经验，也来自古希腊、古印度的人类文化遗产。主要体现在祖海尔、艾布·阿塔希亚、穆泰纳比、艾布·阿拉·麦阿里的诗作里，诗人并不创作格言，而是把格言熔铸在一个固定的节奏里。阿拉伯新诗诗人用质疑来替代格言，用探求的精神替代现成的答案。

（2）格言的伦理。主要是知足、忍耐、和谐、调和、顺命、遵从习俗等，这些是阿拉伯古诗中的普遍伦理原则。新诗诗人拒绝这一切，以质疑和探求的伦理替代格言的伦理，那就是焦虑、恐惧、失望、希冀、叛逆等。

（3）现世的禁欲和对来世的信仰。这点在古诗中尤为明显，而新诗则倡导牢牢把握现世，甚至可以说，新诗是大地之诗，它试图成为思考地球上人和人之间问题的诗歌。

（4）典范。阿拉伯古诗是一种范式，古代诗歌一次次地回归这个模式，效仿它，按照这个模式打造诗歌，评论家们根据作品与这个模式的远近来评价诗人。阿拉伯新诗诗人拒绝范式。

（5）稳定的形式。阿拉伯古诗具有稳定的结构形式，而新诗诗人则倾向变动中的形式。也许每首新诗都有其独特的形式，无法限定它是格律诗还是散文诗，不再相信有什么绝对的一成不变的形式。

（6）时间。时间在阿拉伯古诗里是不断远离源头的运动，当下和未来只是越来越偏离原初模式，也就是过去。因此，诗人的作用就是让当下和未来向过去看齐，进步对于诗人而言就是对过去的效仿，整体的完美只存在于过去，当下和未来不可能再有那么完美。阿拉伯新诗诗人则拒绝这种封闭的时间，接纳开放、变化的时间，接纳历史。

（7）抒情性。阿拉伯古诗的抒情性囿限于个人的感受，而新诗的抒情性则建立在人类整体经验之上，人和宇宙是个统一的整体，新诗是面向宇宙的抒情。

（8）诗歌的意义。阿拉伯古诗是从生活和世界的局部出发，来抒情或深思，以固定的模式来表达，诗歌的意义基本上建立在形式之上。阿拉伯新诗则是对人生和世界的总体态度，是一种总体经验的表达，因此，其意义便不囿限于形式。可以说，今天的散文有时候也可以看作诗歌，其意义与创造和变革联系在一起，不再像过去那样，与藻饰和写景状物相联。

当今的阿拉伯诗歌运动从苏非派[①]文本中受益良多，苏非派经验是一种直觉经验，与诗性相通，因此，阿拉伯新诗试图从苏非派遗产中汲取灵感，获得价值。这方面的尝试可以简述如下。

（1）超现实。或称为非理性。苏非派的非理性意味着对理性知识和逻辑的革命，对律法的革命，对传统判决也就是对“表义学”[②]的革命，对传统哲学或亚里士多德主义的革命。这场革

① 苏非派（al-Sūfiyyah），伊斯兰教神秘主义派别。是对伊斯兰教信仰赋予隐秘奥义、奉行苦行禁欲攻修方式的诸多兄弟会组织的统称。亦称苏非主义。

②“表义学”即“表义学派（Zāhirīyah）”，亦称“直解学派”“扎希尔学派”。得名于阿拉伯语 Zāhir，意为“表面的”“显然的”。伊斯兰教教法学派之一，盛行于呼罗珊（今属伊朗）一带。主张从文字学角度探讨《古兰经》和《圣训》的真义，以此为释法的依据，反对任何注释、引申和类比，尤其反对内学派对经训做的隐喻式的解释。

命强调的是“内学”，即事物的内核，以应对律法，摆脱神圣和禁忌的束缚，让一切都向自由开放。“安拉”在传统伊斯兰想象中是至高无上的、超凡脱俗的。苏非主义消解了神的不可动摇性，将它化解为一种内心的活动，消除了神与人之间的障碍，赋予人以神性力量。

（2）直觉。苏非派所阐述的直觉既是生命之路也是认知之路。凭着直觉，我们触及事物的本质内核，感知到我们永远是自由而自为的，直觉把人提升为超人，在升华中我们感知到自己超越了时间的束缚，成为纯粹的运动主体。

（3）自由。诚然，伊斯兰教兴起之前的阿拉伯诗歌是自由之诗，但苏非派思想赋予它新的自由维度，即更丰富、更深刻的新含义。在“蒙昧时期”，这种自由精神体现为骑士和冒险精神，而在苏非派的世界里，它向无限升华，没有尽头。在《古晒里之书》[①] 中对自由做了以下表述:“自由就是奴仆（人）不受任何人的奴役，也不受任何事物的掌控。”[②] 可以说，自由比其他文化遗产更为重要，它是苏非主义对阿拉伯文化遗产的革命，丰富了自由的含义。如果说自由比遗产更重要的话，那么可以说，人比学说更重要。

---

①《古晒里之书》（ar-Risālah al-Qushayriyyah）：伊玛目艾布・卡西姆・古晒里（？—1072 年）所著的苏非主义作品，主要为苏非派盛行的词语和术语释义。

② 古晒里 . 古晒里之书（第 2 卷）. 埃及：穆斯塔法・巴比・哈勒比印书局，1940：46.

（4）想象。它比幻想更全面、更深刻，是对未知事物的灵悟。大部分苏非派信徒都有想象力，在伊本·西纳那里被称为“照明学派”。

（5）无穷无尽。在苏非派的直觉里，没有限制，没有屏障，宇宙是无穷无尽的运动体，未知事物本身不是终点，它是没有终点的运动世界，处在不断的澄明和自现运动中。每当我们自以为已经了解或正在了解这个世界时，却发现对它更加无知，便愈加渴望进一步了解它。

（6）生死观。在苏非派的直觉里，生死的含义与伊斯兰传统主流价值观不同。死不是终点，而是真正生命的开始，生不再意味着让人长命百岁，而意味着人的认知开始发展。生是发现，生是认知，而只有通过死亡，人的认知才算完整，人才能与绝对融为一体，回归原初。因此，死才是真正生的开始。“蒙昧时期”诗歌里的英雄主义和骑士精神被赋予了新的含义：人向死而生，甚至可以说，死才是生命的本质。因此，人要去冒险，要像英雄一样活着。

15

如果我们要对阿拉伯新诗业已取得的部分成就或特征做一概括性的总结，我认为可以概括为以下几点：

首先是对过去的超越。这里指的过去不是绝对意义上的概念，而是指作为一种表述的与具体的时间和空间相联系的形式、标准和概念，由于它们曾经赖以生存的环境消失了，它们的作用便也随之消失。换言之，过去对新诗诗人而言，与其说是绝对的不可超越的圣物，毋宁说是召唤诗人与之对话的一方，为我们开辟了今天的道路，照亮当下的黑暗，使我们前行。因此，新诗诗人在过去的声音中被赋予了力量，拥抱当下，表述现在，继而拥抱未来。像这样的声音始终面向对话，具有生长性和行动力，以便我们在今日的思考中与它相遇，并与之互动，从中受益。面向未来的创新之流能够开渠辟径，推动着这样的际遇和互动，让我们始终以开放的心态和不竭的激情与创新之流同行并生活其中。

我们在强调超越时需指出一条不证自明的真理，那就是，最现代的诗歌不见得是最有价值的，过于沉溺于进步和过于沉溺于守旧一样，都不一定具有艺术价值。一首敢于创新、形式前卫的诗歌，并不比受传统文化滋养的诗歌更有价值，或更美。这里需指出，进步作为一种思想，与科技发展相一致，其工艺会日臻完善，科学发明常常会推陈出新；但诗歌，广义而言，所有的艺术并不以进步或落后而论，诗歌和其他艺术的创新往往是彼此依存，相互碰撞，相互交叉，但并不相互否定，或取而代之。

诚然，从历史角度看，人类不同阶段都有诗歌和艺术，这使人们普遍以为诗歌是变化发展的，继而以为诗歌和科技、工艺一样，会不断进步，因此，我们的诗歌批评家和史学家们十分重视按照编年顺序整理历代诗歌作品，重点关注在所谓的风格和学派的发展上，尤其是这些作品的寓意以及内在的个人观点和品格。

然而，从另一个角度看，这并不意味着过去的风格还适合于当下的表达。传统的表达方式不再有创新力，不再能产生伟大的作品。那些墨守成规的人在当代诗歌创新的世界里是没有位置的，他们只是苍白的影子，重复过去，不再创作有价值的产品。今天那些赋予阿拉伯诗歌深刻特征的诗人是创新诗人，他们并不像卫道士们所认为的那样，对自己的祖先很陌生，相反，他们与祖辈们的联系远胜于卫道士们。事实上，我们今天比以往任何时候都更能理解我们的古典作品，我们今天与先人们的联系是本质性的，而不是形式上的；是深刻的，而不是肤浅的。革新思想已经给予伟大的诗歌作品以重要的甚至超过这种思想本身的影响力，尽管我们今天还看不到。革新是全面的变革：从结构、表达到组合，从理论到视界。

阿拉伯新诗的第二个特征就是由超越带来的新颖，即史无前例。传统的标准是唯先人是瞻，而现代的标准是以独特性为重。因此，阿拉伯新诗诗人试图使诗歌摆脱逻辑、教化、叙述的窠臼，从外在的控制、外在的事件和强加于它的情势中解放出来，使诗歌完全来自内心世界。今天的诗人坚信诗歌要表达个人生活的遭遇，哪里有苦难哪里才会有诗歌，在苦难中，语言不再是直截了当的词语的排列组合，而成为一种隐喻，只有这样，诗歌才能表达原先不可能表达的事物：隐含的、未知的事物。此时，诗歌不是形式，也不是外部强加于它的观念，它首先是诗人自我内心的状态，也就是其独一无二的感悟和视界。

第三个特征就是，诗歌不再是一种受既定的规则、语法制约的文类，也不由规则定义，而由创新来定义；诗歌完全从外在逻辑美学中解放出来，即从理性思维的逻辑桎梏中解放出来。遵从外在逻辑美学意味着把理性逻辑看作最终的圭臬。而诗歌的追求在于，人类如大自然和其他生命一样，高于所有逻辑标准。

既然诗歌自产生起就是自由的，那么最好让它始终是自由的见证者，为了自由，要不断发现、超越，反对固化在一种模式、规则、形式、系统中：与大自然一样，诗歌应该是一项活力四射、令人惊诧的运动。

因此，语言不再是束缚诗人的工具，也不再是诗人逃离现实的工具，而是消除自我和他者、人和世界之间一切界限的工具。

语言从外在的体系标准中解放出来，遵从其内在的引领，这意味着无限地归顺于世界。语言是开放的，世界是无限的，能指与所指、词与物之间的鸿沟被消除了，最终我们先人所建立的语义学被消灭，关于语义的另一门学问得以建构，过去的标准和概念被超越。如此，逻辑和理性在灵感和发掘面前却步，感知和精神取代了有限的明确的意义表述，其本质是跳出逻辑的框架和局限，即有限的、明确的意义局限。一首诗不再是一棵树，而是一片无边无际的森林。诗歌疆域是无穷无尽的。

阿拉伯新诗运动的第四个基本特征是想象，想象是上述诗歌的同义词。我这里所指的想象是，能够从现实中透过现象揭示其背后本质的富有洞见的力量，即洞察隐幽，在深深扎根于现实土壤的基础上拥抱未知的力量。诗歌成为连接当下和未来、瞬间和永恒、现实和真相、天和地之间的桥梁。

这种直觉的想象力超越理性的想象和纯粹逻辑思维，汇入生命的涌动和创造激情中。诗人面前不再有障碍，大自然变得柔顺，可以倾听，可以回应。诗人可以和石头交谈，可以乘风而去，可以踏浪而行，与其说诗人给我们提供思想，不如说为我们创造合适的氛围；诗人不再叙述、描写或教化，而试图唤醒万物沉睡的奥秘，推动它们渐次绽放，向我们走来。诗歌视界是扰乱既定的表象秩序和惯性感觉，这里的视界是一种态度。这种视界作为一种表达，扰乱固化的词义及其体系，改变词义、意象和语义：诗人眼中的大自然不再是理性的存在，而转化为符号和想象的森林，诗歌由此驰骋于未知的王国，恣意变化和上升，在更深、更广、更富有的层面上，将人和存在统一起来：把现实和可能、时间和非时间、物本体和想象统一起来。如果说我们的古诗是对现实生活的真实描写，那么，我们新诗中的想象则是现实生活本身；如果说我们的古诗是依照寻常普遍规则编织的话语，那么新诗就是非同寻常的话语，确切地说，它打破常规。

所有这些都在改变着诗歌评价的标准和价值观，要求不再用过去的标准来评价新诗，而用当下的和未来的精神去衡量。如果用过去的评判视角来理解新诗，那纯属枉然。每一次创新都会产生与自己的范畴、理解相一致的新标准。因此，基本而言，对新诗诗人也不能用过去的经验来探究，无论这种经验多么行得通。对于新诗诗人，我们应该用他自己本人的经验来理解。

这就意味着，在评价新诗诗人时，我们不可以拿这种或那种形式与之相比，评价孰优孰劣；我们应该以它们之间的差异性，即不同经验、不同见解、不同世界之间的互补性为标准。创新者们穿越历史，跨越过去、现在和未来，他们相聚一堂，比邻而居，彼此互补，而不是相互否定、相互排斥；同样，创新者之间有着共同的目标和紧密的联系，那就是把最古老的表达形式和最现代的表达形式联结在一起，没有任何鸿沟，尽管它们之间隔着漫长岁月。

可以说，塔尔法·本·阿卜杜、欧尔沃·本·瓦尔德、乌姆鲁勒·盖斯、祖·鲁马、艾布·泰马姆、艾布·努瓦斯、穆泰纳比、谢里夫·利达、尼法里等很多诗人，他们以不同的表达方式生活在我们称之为现代的诗歌世界里，甚至，我认为，如果把他们与我们同时代的、生活在同一城市的诗人们相比，他们离我们反而更近。因为，他们的作品蕴含着透过身处的现实寻找新世界，寻找另一个真实世界的力量。

当然，我们也能历数很多新诗作品的不足，比如自我膨胀、空洞、喧哗、哗众取宠、为了目标不择手段、以各种方式粉饰伪装；再有，标新立异对有些人而言，成为一种仪式，标新立异本身成为唯一的标准和至高价值。为了让诗歌具有现代性，他们完全不顾及所表达的内容是否真实，他们只关注词语搭配得是否超常，是否足够刺激读者。这些做法导致诗歌观点混乱不清，品格低劣。因此，今天我们谈新诗，必须区别真正的创新和伪创新，尤其是那些所谓的创新，其实缺乏内在的力量，甚至连诗人应具备的最基本的素质——词语和节奏都没有掌握。

然而，尽管这样，不减损创新是一种生活的原则和存在的需求，上述这些做法只是一些拙劣的所谓的创新模式。因此，我们在这里需要强调的是，无论怎样，阿拉伯诗歌从现在开始在感知上、理解上、观点上和表达方式上，都进入了一个新时期。

正如纪伯伦认为的并试图表达的那样，阿拉伯诗歌曾经表达了人类的精神、本质和心灵深处的隐秘，寻求现实背后的另一种真实，表达了一种苏非主义神秘想象的体验，此时，人不再感到与万物的分离，精神统领了现象界。诗歌曾经从形式上装点世界的表象，为世界的躯体打造戒指、手镯和耳环；而今，阿拉伯诗歌深入世界深处，表达作为整体的人的本质，它是一个奇妙的组合，既拥有自然属性又具备神的属性。

阿拉伯新诗诗人怀着一份痴情，在冒险中走向未来，领悟到世界上任何一个未知的领域，正是他心灵尚未揭示的部分。在这场生命漫游中，他意识到真正的新颖和古朴拥抱在一起，在人类没有尽头的心灵深处，既没有古也没有新，而是永恒的运动，这就是诗歌，这就是人类的本质特征，也许这也正是人类被列为万物之灵的首要特征。它使人类进一步确信，人通过创新能够超越一切剥夺其领先力量的事物，借此，致变的、革命的、运动的诗歌必然超越那种被华丽的文采点缀的诗歌，前者是全面的、现实的、富有探索精神和灵悟的诗歌。

阿拉伯新诗试图以这些灵悟带领我们走向新世界，以新的视野、新的价值观走向新的人道主义。今天，我们的生活应该达到这种诗歌的水准：与享乐、慵懒、积习、散漫、妥协、对未来恐惧的心理做斗争，释放内心的能量、想象力，敢于梦想，敢于冒险，敢于创新。因为，未来的诗歌绝不可能成为某种形式或规则，而是一股力量，一汪源头活水。诗歌的创新绝不止于形式和内容本身的创新，而是拥有一种推动人类走向未知的创新能力。

阿拉伯新诗如同处在不断变化中的阿拉伯新生活，它赋予我们力量，让我们在这个地球上活得精彩。

第三章

现代诗歌美学

一、诗与思

1

这场讲座的开头，我想谈谈关于阿拉伯人在诗与思方面的三个问题。首先是关于阿拉伯诗歌批评；其次是基于阿拉伯语言学上的知识体系，包括语法学和修辞学、教法学和教义学等；第三点是关于哲学的知识体系。

首先，大多数阿拉伯诗歌批评都以“蒙昧时期”诗歌为范式和例举，根据创诗技巧与这个时期诗歌的远近亲疏，来评估后期诗歌的优劣。这种批评基于这样一种认知：“蒙昧时期”诗歌不仅是“曲调”的容器，也是“真理”和“知识”的容器；

“蒙昧时期”诗人不仅仅是在“吟诵”，也在“思考”；“蒙昧时期”诗歌不仅是曲调的源头，也是知识的源头。换言之，“蒙昧时期”诗歌不是单一的，而是多元的。问题在于，其多元性浓缩于一种模式，而批评家又把这一模式简单化了，把它描述为“曲调”，以至于“曲调”的价值压倒了“蒙昧时期”诗歌的本质，继而那种以口头诗歌标准来评估后期诗歌的批评观占了上风，最终导致诗与思的半分离状态。因此，这一批评观在看待一个以某种方式抒发思想的诗人时，便认为他从诗歌体系层面偏离了阿拉伯诗歌技巧，这种“偏离”时而被称为“含糊不清”，时而被称为“复杂难辨”，有时还被称为“怪异生僻”或“伪装哄骗”，即“背离了真理”。所有这些描述都贬低了“蒙昧时期”诗歌的价值。持这一批评观的批判家中竟有人把艾布·阿拉·麦阿里排除在诗歌圈外，称他为哲人，而不是诗人。他们对麦阿里之前的穆太纳比也报以类似的态度，甚至认为艾布·泰马姆破坏了阿拉伯诗歌和诗艺。

但此种批评模式忘记了，在诗与思的关系上，这些诗人的诗作实际上以某种方式延续了“蒙昧时期”诗歌本身，而且，在深度和广度上都有所继承。就像我们看到的那样，包括但不限于尚法拉、乌尔瓦·本·阿尔沃德、萨玛瓦尔、艾福瓦哈·奥迪、阿莱格马·法赫里、祖海尔、塔拉法、阿迪·本·扎伊德、拉比德和阿比德·本·艾布拉斯等诗人，我们从他们留下的诗作中看到了这种延续。

这些批评家们忘记了他们自己就继承和重复着先人对诗歌的理解，即诗歌之于阿拉伯人，不仅是“曲调的汇集”，更是“知识的史册”“见证着他们的是非曲直”“延续着他们的源头活水”（伊本·赫勒敦语），“诗中自有真知灼见”，诗“摘取精神的果实”，是“睿智的指引者”和“博学的布道者”，“其影响力永存不朽”（朱尔杰尼语）。简而言之，他们忘记了“蒙昧时期”诗歌除了能吟诵外，还是对万物和世界的思维方式，它不仅满怀激情和感性，还富有深邃的思考。

其次，基于宗教的知识体系，即语法学和修辞学、教法学和教义学，也存在着诗与思分离的问题，而且是彻底的分离。然而，奇怪的是，宗教认为导致人们受到蛊惑坠入迷途的东西，恰恰被知识体系代表们认为是审美享受和心灵欢愉的源头。宗教上的知识体系源自散文艺术文本，即《古兰经》文本，它本身又为抒情口头文学做理论支撑，肯定其艺术标准，并公开宣布这几乎是绝对的不变的标准。

再次，实证性的知识体系在某种意义上被认为在方法论和知识本体论两个层面与上述两个知识体系疏离，而在如何看待诗歌的问题上，它又以这样或那样的方式与上述两个体系殊途同归，相互补充完善，添加相关的证据，这些理性证据从希腊思想中汲取养料。

由此，我们可以看到，阿拉伯批评家们在评论诗歌时，要么说它令人“愉悦欢畅”，要么说它“该遭到否定、放逐”。于是，在他们看来，诗歌的天地是虚伪的、非理性的，是感性的和享乐的。换言之，诗性在探索世界万物及其奥秘方面是有缺陷的、消极的；对诗歌最好的描述就是：它是游戏、模仿和想象。

宗教方面，我们可以发现宗教语言知识体系对诗歌一家之言的解释。如果我们追溯阿拉伯语中“诗歌”一词的词源，就会发现它的动词词根意为“感觉”“认知”“觉悟”“意识到”。这样看来，所有的知识都是“诗歌”，而诗人之所以被称为诗人，是因为他们能感悟到其他人感悟不到的事物，也就是懂得其他人不懂得的事物。但是“诗歌”作为术语，普遍认为是有韵律和韵脚的话语，即不可超越某些标准的受限的话语。大部分诗歌还有另一层含义，即感知。可以说，诗歌是种感知，“我们用它来表达我们感悟到的最初的认知”，因此人们可以说：“我感到发热”，而没有人说“我感到主是唯一的”。正因如此，人们普遍认为，诗歌在提供知识和探寻真理上先天不足，因为其源头只是感知，具有欺骗性和虚伪性，所以诗歌无法让我们领悟真理，诗歌的功能仅限于提供审美娱乐。

这就违背了“诗歌”这一词语的含义，因此，我们有必要重新审视主流对这一术语的定义，并且把诗与思统一起来，因为诗歌并不满足于感悟事物，而是对其进行思考。

然而，尽管我们从宗教语言知识体系中找到了它对诗性立场的解释，那么哪一种解释是针对诗歌批评研究本身的呢？事实上，这种批评已经从根本上破坏了对诗性的研究，因为其针对诗歌与社会伦理功能关系的批评要远远多于对诗歌本身的批评。从某种意义上看，这种诗歌批评意识更多的是一种功能性意识，而非诗歌本体论意识。特别是“什么是诗歌”以及如何清晰而明了地回答这个问题，构成了以前批评家衡量和评判诗歌品位的出发点。

这些现象本身需要我们做专门的研究，探究其因果，最起码要求我们重新解读我们的思想批评遗产，并在此基础上重新书写阿拉伯诗歌史和美学史。

2

从一些创新性文本中我们找回了理论上的缺失，这些文本有些是诗人之作，有些是苏非派信徒之作，它们超越原有知识的框架和理论体系，在文本的结构和观点上，实现了诗与思的有机关联，凭着直觉和远见为我们打开了新审美和新思维的天际。

从根本上来说，这种文本产生于统一的世界观，人是感知和思维、情感与理智的聚合体，统一的意识力量使他把事物看成一个不可分割的整体。这种文本凭借着被书写的特性，有别于口头之作，而苏非派信徒的文本又有其独特见解：它在格律诗之外，独创了一种新的诗性语言、诗性形式和诗性本身。

接下来我将从阿拉伯创新性文本中列举三个诗与思统一的范例，它们的不同特点足以说明该问题，这三个范例是努瓦斯文本、尼法里文本和麦阿里文本。

3

尽管努瓦斯文本不算完整，但我们仍可以将它看作诗与思统一的开端。努瓦斯文本的核心是诗人对拒绝的事物和接纳、倡导的事物之间的辩驳，它拒绝阿拉伯贝都因生活的价值观，拒绝宗教规训，特别是伦理层面上的规训，呼吁冲破这种训导和禁忌，倡导都市生活及其价值。我们看到，几乎所有努瓦斯文本都充满了这种张力，试图表达他想要开启的生活和思想的新视界。因此，我们可以通过他的文本探索一种独特的知识路径和道德体系，其诗性便蕴含于发掘和激发人的能量中，释放被压制的欲望，消除冲动与行动、欲望与能力之间的鸿沟；同样，诗性也蕴含在激发所需要的力量中，即摧毁禁锢自由空间的障碍。努瓦斯文本中燃烧着吞噬一切障碍的火焰，不管是宗教的还是社会的。由此可以解释，他为何不能通过合规的行为传递快乐，相反，他只能从禁忌中传递自己的理念。艾布·努瓦斯认为冲破禁忌能产生令人喜悦的混乱，是一种对现有文化伦理体系的颠覆，承诺并确信一种无压迫、无束缚文化的到来，这种文化反抗清规戒律，让生命踏着自由的韵律，使身体和现实和谐生长。

出于某些原因，艾布·努瓦斯戴着“放浪形骸”的面具，借着醉酒把身体从逻辑和传统的禁锢中解放出来，它象征着彻底的解放。酒是致变的焦点，美酒不再是美酒，它有它的象征意义和指涉意义，它是一种转变的能量，能毁灭也能生长，能否认也能确定。它是创造力：古老得可以溯至万物之初，一切事物皆由它而生；它是起源亦是归宿，来来往往之间便是生命最美好的内涵，那就是爱。因此它是改变生活的力量，它能平息冲突，废除习以为常的时间逻辑，它是与自己相遇的欢欣，是自我与世界和谐共生的陶醉。世界是充满名字、特征和行为的符号丛林；美酒也是一种本源，世界万物相互交织，与本源和谐共存。酒是火焰，是生命体，能言说，能看见；杯盏是明灯，是星辰；酒宴是生死场，能直抵内心深处者便能抵达自然之本源。

如果其象征意义指向摧毁禁忌，让一切事物在价值观和知识层面都成为合法的，那么这一意义也必然指向揭示未知，不论是向内的自身还是向外的大自然；指向可见的不可见之面，可触的不可触之界，事物间的隔离消失，表里统一；受制于空间的人们可移向隐秘的彼岸，受制于时间的人们可超越此时此刻，将生命转换成一种永恒的欢欣。

如此，“放浪形骸”可以让身心得到净化，获得解放，这是在庆祝从清规戒律的文化向自由文化的超越。这里，人是自己思想、工作和行为的主人，在象征中颠覆了既有的价值观：“罪孽”变成了一种美德。艾布·努瓦斯说，他不想犯普通人都会犯的错误，他渴望在他所投身的解放事业上犯一些大错，诚如他所说的“步入错误的迷宫”，因忤逆“天国的暴君”而报喜、“欢快就在禁忌中”“寻访酒肆便是朝觐”“高贵的心灵唯禁忌之事而求”，他呐喊：“我有我的宗教，人们有人们的宗教。”他想以罪洗罪，还自己一个清白。

4

现在我来讲讲第二个例子：尼法里[①]文本。

玄冥或是隐幽，这是尼法里尝试讨论和探寻的问题，是个需要探索的领地。但是不论他在这个问题上获得多少进展，终

① 尼法里（Muhammad bn ’Abd al-Jabār al-Nifavrī，？—965 年），中世纪阿拉伯著名的苏非主义大师。

究无法穷尽，所获得的认知只不过是通向未知的门槛，召唤着他一步步前行。他似乎知道自己知之有限，他说：“我知道我的无知。”要表达这种经验需要从众说纷纭中、从理性和逻辑中抽离出话语，因为这是未被言说的事物，此时，语言成为说出未曾说过的事物的冒险。

这就是不断推动尼法里向前求知的动力，向前的运动是不断更新的过程，以便保持永恒的在场，准备好在探索之路上不断前行。

尼法里在言说和沉默间的鸿沟处看见了“理智的坟茔和诸事物的墓冢”，就像他所表达的那样，他的文本是表达中的静默和静默中的表达。他不是用词语来表达思想，而是尽可能地用符号和指涉来编织它们之间的关系，尽管要做到这一点很难。这里，语言从本质上看是一种隐喻，它从那些固化在头脑中的词语的束缚中脱离出来，变成不通过释义便不能理解的文本。因此，词语似乎淹没在无限之中，它要传达的不在其本身，而是蕴含在其背后，它似乎以反讽的方式，表达它难以表达的事物。

尼法里赋予宗教以“自我”的意义，并在其上建构了另外一种不同于传统宗教观的知识体系，他对《古兰经》文本的独特解读颠覆了以往的观点。他带着我们由表及里，由理性认知到审美认知，因为他强调主观经验，摒弃固化的思维模式。因此尼法里文本没有固定模式，只有原创，一种不重复的经验描述，始终处在不断更新中，成为一种绵绵不绝的文本。这种对自我的肯定改变了问题的实质，从表层看，它在叩问：我该怎么做才能使我的行为和思想合乎法规？我是如何变成我的？如何认识自我，认识真理？

如此看来，尼法里文本似乎与各种形式的遗产划清了界限，而这种疏离使阿拉伯语的创造力获得了新生，同时创新了诗歌语言。它用心灵和语言的欢欣来书写历史，将诗歌书写升华到前所未有的高度，其语言更加美妙、更加奇伟。我们首次在他的文本中看到了人类的焦虑、渴望和叩问，它们似浪花般相互搏击，潮涨潮落，在永恒之光中，缺席和在场交替运行。

尼法里文本最突出的诗性也许是其思想和语言同时迸发，尼法里从封闭中解放了思想和语言，使其摆脱社会职能和理性思维的束缚，还原它们的本质属性，即潜入自我和存在的深处，探寻它们的奥秘。这种迸发充满了刹那间的灵光和既相互排斥又相互拥抱的张力，文本本身似乎成为激荡心灵的舞台，无缘由地时而相互交织，时而相互分离，时而靠拢，时而疏离，犹如梦幻；文本中的词语似乎在解说自己，彼此间窃窃私语，展开对话，相互辩驳，最终在摄人心魄的美丽的疯狂中融为一体。他似乎与自我和存在玩起了一场前所未有的绚丽和高贵的游戏，语言本身好像是个行动者，融化在静默中，又或者溶解在经验之流里；思想是纯粹的诗，诗是纯粹的思想。

这样，尼法里文本把我们置于一个炽热又欢欣的独特世界，甚至他的文本就是欢欣本身，阅读时，我们感到自己摆脱了沉重的负荷，去拥抱解脱。他的文本消除了人与神之间的距离，他把神灵人性化，又把这根能感知、“会思考的芦苇”——人——神圣化。

尼法里对我们说：“隐幽不为人所知。”由此我们能看出他从本质上是向往隐幽的，这一向往推动着言语，而言语又反过来推动着向往，成为向往之原动力的向往：探寻幽冥。时常有一道闪电划破这幽冥，但它仍处于幽冥中而难以企及。尼法里文本中，向往之后的向往让我们发现了一种诡异的现象：真理若隐若现，时而清晰，时而蒙胧；真理只不过是一种经验，一种思即是诗、诗即是思的统一体的经验。

5

现在我们来谈谈第三个也是最后一个例子：麦阿里文本。

艾布·阿拉·麦阿里对他那个时代的信仰和思想提出了质疑，思想披上了诗歌的外衣，而诗歌则是思想的能量。当我们阅读他的文本时，就像踏入一片深邃的原野，身居其中的麦阿里似乎是多元的，但这种多元性并不足以解释他的文本。他文本中的知识与建立在终极真理基础上的知识是矛盾的，特别是有关宗教的知识。麦阿里发现了他那个时代中被压制的东西，呼吁去思考那不易思考的事物。这种思考象征着与形形色色的教派和信仰分离，以至于他的诗歌似乎将读者抛掷于迷茫和困惑中，又或者想告诉读者虚无才是世界的本质。

如果按照他之前的阿拉伯诗歌创作方式来说，诗是“词语的艺术”，那么，麦阿里则相反，他认为诗是“意旨的艺术”，或者更确切地说，麦阿里文本是我们拥有的词语和我们探索的意旨的相遇，然而此种探索常常导致迷惑和怀疑。麦阿里无论在语言上还是在意旨上并不想建构什么，他所做的恰恰相反：为我们呈现出对二者的质疑，即二者充其量是表达嘲弄和虚无的媒介。麦阿里要构筑他自己的世界，恕我直言，这个世界始于死亡，死亡是唯一能让人解脱的灵丹妙药，生命本身向死而生，人穿着的是殓衣，住着的是坟墓，生是走向死亡的开始，死亡才是他真正的生。

麦阿里文本揭示了生命原初的缺席，换言之，生命从本质上看是残缺的；时间从本质上看，只不过是一场玩乐和捉弄人的游戏；人一出生便带着原罪，生命原本就是腐朽的。

那么为什么还要写诗？它提醒我们，让我们每个人都说出麦阿里说的话：

我的身体是缝补在大地上的补丁，

世上的裁缝啊，快将我缝补。

6

我将努瓦斯、尼法里和麦阿里的诗文描述为思想—想象的文本，说它们富有思想，是因为它们突破了那个时代的知识体系，创作出揭示人类认知焦虑的作品，以便直面宗教、价值和伦理，直面安拉、幽冥、生死等其他人类面临的问题；还因为它们发出了探寻真理、认识自我和世界的奇思妙想。说它们富有想象，并不意味着它们是纯感官、纯心里想象之物，而是指它们具有苏非主义特性，尼法里的诗歌表现得尤为突出。也就是说，想象是一种媒介，联结着幽冥世界的心灵和现实世界的感性，想象是心灵汲取原料的宝库，是无尽的自由创新精神，是苏非主义启示可及的光，它可以撕破遮蔽万物的黑幕。因为它是光，而光是无过的，过错来自评判，而想象不会发出评判；过错来自发出评判的力量，即理智，理智在理解想象揭示的事物时犯了错，所以不能用理智来评判苏非主义诗歌，苏非主义诗歌是经验的产物，与理智及其判断不相干。

想象之眼中呈现出各种象征性的意象，必须通过它们来表达所象征的真实世界，想象犹如子宫，就像胎儿在子宫中成长一样，意义在想象中生成，呈现出千姿百态，想象把我们从已知王国带入未知王国。

当我们在努瓦斯和尼法里的文本中看到诗与思的完全结合时，我们也看到，麦阿里的文本常常带有某种沉重的冷峻的思考，多为一种类似噩梦的东西，就像T.S.艾略特评论威廉·布莱克的诗时说的那样："布莱克的诗令人不快，所有伟大的诗都是这样的。"

这里的"不快"不是指病态或是复杂，而是因为麦阿里总把读者置于嘲弄和虚无的深渊。

从另一个角度看，我们可以把以上三个例子描述为是对人类和万物的认知方式，与心灵的投射相融合，远离理智和逻辑，这就要在一个象征结构里建构意义。这些文本在我们所谓的"感觉"及我们所谓的"深思"和"意识"之间没有区别，诗歌在这里是一种本质性的视界和心灵深思的体验，是知性的洞见，其操作不是传达信息，不是合乎理性，也不是求证和推理，而是直觉，是洞察，是心灵之眼。

7

如果我们回到"思想"这个词的词源，会发现它派生于"心灵""灵性"，该词没有理智之意。该词义为对某事产生想法，而想法来源于心灵，或曰念头。因此，当我们思考时就是用心在考量。

至于“理智”这个词，其词源则来自道德层面，它阻止人们不受欲望的驱使或以免卷入危险。由此，思想是直觉和考量的结合体。

当我们认为诗歌是心灵和思想直觉的产物时，诗和思的分野就显而易见了，从另一个层面来说，区分的原因归结于诗歌具有诱惑性，这不仅因为它依靠具有欺骗性的感官运行，而且因为它的思考方式是不拘一格的，它以象征和意象思考事物，而在象征和意象中知识体系是不完整的，无法提供整体的认识，尽管它宣称能够提供完整的知识体系。

因此，我们可以理解上面谈到的诗歌文本为什么困扰着宗教、理性知识的建构者们，一方面因为这些诗歌文本呈现了人们无法理解的知识，或者人们还没能找到可以抵达这一知识的路径；另一方面因为这些诗歌文本证明了人认知的局限性，要达到全面、宏观的认知是不可能的，而宗教和理性知识体系宣称自己建立在整体性和终极性的知识体系之上。

上面提到的三个文本案例中，其知识是恣意运动和喷涌的，具有解构性和实验性，不建立在分析和逻辑基础上，也不墨守成规；它建立在个人充满活力和行动力的经验上。因此，其文本中的世界是广阔无垠的多个空间和中心，是无限的散落和多元，也就是说，一切都不确定，前无思想可因循。

事实上，这些文本以其独特的表达方式讨论宗教和哲学，揭示曾经干扰宗教和哲学认知方式的立场和观点。作为一种经验和探索，它不像以往的宗教和哲学文本那样，探讨已经被思考过的事物，而是想探讨什么是没有被思考过的，什么是被压制的，什么是还被遮蔽的和依然遥远的，继而以自己的方式来探索真理，既不依赖宗教信仰，也不依赖理性实证辩论，这是一种完全不同于以往宗教或哲学的方法，是直抵事物本身的认知方式。

要进一步说明的是，这种认知不是一种信仰或现成答案，它有别于宗教或哲学所提供的认知，相反，它是一种质疑。传统伊斯兰文化认为，思想就是答案，既然诗歌不提供答案，那么它就与思想隔绝了。诗人的确不提供答案，但并不意味着他不思考。相反，正是因为诗歌的本质就是质疑，因此它开放了更多研究和认知的空间；它不提供确信的答案，因此质疑本身便是思考，因为质疑就是焦虑和怀疑。而答案就是终止思考，因为答案使人心安理得，深信不疑。从另一个角度说，质疑就是推动进一步思考的思考。

最后，这些文本为我们提供了以下四个层面的诗性思维方式。

第一，这些文本中的诗歌意象揭示人内心深处模糊的幽暗地带，突显读者因这样或那样的原因感受到或正在思考但还没有了解到的领域；这种意象向人们提供了洞察内心世界的钥匙和途径，以便更好地了解内心世界。

第二，这些诗歌意象也在探索外部世界的基本维度，并传达给人们那些被压抑的，或未知的，或被忽视的领地。文本不仅提供现存的真理，它还通过意象，创新性地提出问题，指向未知的真理，这样一来就拓宽了认知领域和经验范围。

第三，探索和质疑是通过阅读来传递的，它把思想的冲动转换为整体的综合性的思考：那些本身就美好的事物，或属于美学范畴的事物渐渐转化并融入生活和思想的框架内；那些个体经验则成为普遍的和共享的。

第四，在这些探索中，也许有一些事物在升华，犹如能打开某一未知领域的钥匙，或者成为建构出乎意料的新设想的基础。它不仅有助于理解现实，也提供给我们在设想的基础上建构现实并借此探索未来的可能。它照亮宇宙和心灵，为思行合一提供可能。

8

最后，我想从语言方面谈谈这些文本的本质特征，那就是，思想和诗歌都融于意识的统一，思想就像玫瑰的芳香从诗歌中袅袅升腾。这一特征体现在隐喻的表达结构上。

语言学家伊本·吉尼说:“语言大多是隐喻的而非真实的。”[①]隐喻跳脱出对语言真实性使用的束缚，即语言原有的出处，放弃真实性的使用而选择隐喻的原因是为了在语义上进行扩展、强调和比喻。所以阿拉伯语中的隐喻不仅仅是个表达方式，它还是语言结构本身，它指向心灵的需求以便超越真实，也就是超越已知。因此隐喻是被现实限制的感官产物，它向往现实背后——形而上的事物。所以隐喻是一种超越：如同语言允许自己意在言外一样，也允许它所讲述的现实指向更远的天际，隐喻在本质上是对现存的否定，旨在追寻另一种存在。

因此，隐喻将现实从它习以为常的语境中抽离出来，从表述它的固化的词语中抽离出来，在改变语义的同时也改变了现实的含义，建构起词与词之间、词与现实之间的新的关系，从而同时改变话语和现实的形象。

既然隐喻把词语从真实的范畴里抽离出来，词语与现实之间的关系便成为可能性关系，而不是确定性关系，它有着多重含义，令人产生不同理解，导致观点和评价方面的差异。因此隐喻不会提供终极答案，因为其本身就是一个充满语义矛盾、词语间相互博弈的领域，故隐喻始终是引发问题的因素，也就

① 伊本·吉尼.特征（第2卷）.开罗：埃及书局，1952：442-447.伊本·吉尼（Ibn Jinni，941—1002年）是阿拔斯时期最著名的语法学家之一，在语法和语言方面为后世留下了丰厚的遗产。

成了焦虑和引起焦虑的因素，困扰着那些想得到确信无疑答案的人的认知方式。

综上所述，隐喻与看待真实的方式紧密相连，或者说它不仅关乎对真实的立场，也关乎对这一问题的思考、探索和表达方式。

对此，朱尔杰尼认为："隐喻永远要比真实善于雄辩。"那么，宗教在思想史上，即用隐喻话语书写真实的历程中占据怎样的地位呢？这一问题揭示了诗与思分离的另一个隐蔽原因，也就是阿拉伯宗教和哲学知识体系方面的原因。这两个知识体系用它们独特的方式关注着所谓的"真实"，关注着明了的、有确定含义的事物，而隐喻即不确定性。因此，宗教知识体系认为，隐喻偏离了词语已知的含义，歪曲了原有的出处，这种歪曲既破坏了含义也破坏了语言，因为它引发了迷失和谬误，特别是每个词语在被创造时被赋予的特殊含义，而歪曲导致了词语不能传达其真实意义。宗教知识体系认为，用词时应本着它原本的词义，这样才是正确的，否则就是错误的。很明显，这种说法不仅否定了隐喻，同样也否定了诗歌。

由此，我们可以清晰地看出诗歌与宗教和哲学知识体系的区别，后者认为应该用与被赋予的意义相一致的词语来进行表达，以便得到该词在各个方面的完整认知；而前者则认为如果心灵不知道言语所指的完整含义，就会渴望去寻找它的完整性，假若知道了其完整性，言语就会丧失追求完整的激情。所以我们认知的目的就是激发我们对认知的渴望，即不断增强对知识的渴望，而不是知识本身。因此，宗教与哲学的认知世界实际上是封闭的，因为它是确信的，是一种信条、一种学说。而诗性认知，即隐喻，则正好相反，它是无限开放的，因为它是不确定的，是永恒的追寻和探索。

通过以上探讨，我们感悟到阿拉伯语是如何进行隐喻建构的，也就是如何进行诗性建构的。语言是对探索的渴望，渴望了解未知，渴望达到完满，已知的现实远远限制不了它，它向往更辽阔的世界：语言表达空间的无限性回应着认知空间的无限性。

在结尾，我想谈谈最后一个观点，它和苏非派语言的隐喻性有关。

根据苏非派的经验，隐喻没有过往，它永远处在初始，是连接可见和不可见的桥梁，它的目的就是探索未知，诗歌意象并不是由类比和比较产生的比喻，而是一种创新，产生于把两个遥远世界不断拉近和贴合，最终合二为一的意识。所以意象不是单纯的修辞技巧，或是单纯的描述，相反，在诗歌直觉产生之初，意象也就喷涌而出了，它反抗周围的现实和理性，它渴望超凡脱俗，超越现实和理性，它是穿透和照亮通向未知道路的一道光。意象在这里就是改变和变革。

由此，我们看到为什么苏非派诗歌的写作不是专业术语意义上的“文学”，它其实是一种很难界定的写作行为。这种写作是一场永远不停止的对无穷的探索，涵盖着对各种形式的不断破坏，它不拘一格。苏非派诗歌写作的形式，比如意象，是不可重复的创新，不可仿制，不可照搬，不可被借鉴，它不是外衣、外壳或容器；它是一个波涛汹涌的空间，是感情和思想的激荡，是心灵的律动。因此，对于苏非派诗歌写作来说，形式就是写作本身，且为其自身而存在，别无他求；形式通常就是某一事物本身，故每一首诗都有其独特的存在形式。

9

综上所述，诗歌写作是对世界和万物的转译，它是对充满词语的万物和充满万物的词语的转译。诗性的秘密在于它始终是一种词语间的对抗，以便为这个世界和万物不断命名，即以新的眼光去看待世界万物，语言不仅是对事物的创新，也在创新中创新自身，诗歌词语超越自我的藩篱，构建新意象，赋予新含义。这些在我们之前列举的三位诗人的写作中都实现了。这三个例子不过是古代阿拉伯语浩繁写作经验中的九牛一毛，只是我们不久前才开始正确地理解它们，并把它们置于真实、美学和认知的框架中。

二、蒙眬与清晰

1

“现代诗蒙眬，尤其是你的诗。”

这是一个读者说的话，代表了大多数读者，甚至包括写诗的人。这是一句流行语，甚至说，是一种现象。那我就有必要为这一现象做一阐释。如何阐释？其含义是什么呢？

2

首先，这句话含有对蒙眬的谴责之意，换言之，它在赞美清晰。但是，对于那些对现代诗歌顾虑重重的人而言，他们知道，诗歌的蒙眬本身并非缺陷，同样，诗歌的清晰本身也不意味着完美。恰恰相反，蒙眬是丰富、深刻的证明。一位阿拉伯古代批评家早已注意到这一点，他说：“最好的诗是蒙眬的。”如果蒙眬本身构成了缺陷，那么人类将会失去最伟大的诗句。

其次，这个说法将某个诗人的特殊之作与整个“现代诗”混为一谈。如果我们以认真的态度来判断和批评事物，那么就不能对“现代诗”下这个决断，我们应该说，某个诗人的某部作品是这样的。其实，“现代诗”包含着不同层面、不同经验、不同创作路径的诗作，甚至有时候彼此矛盾。因此，把所有“现代诗”放在一个篮子里一概而论，是不对的。

再次，说这个话的人很少注意到话语的所指。当我们描述某个诗人的作品是“现代的”，就意味着他与古代诗人的作品不同，也意味着，只有意识到这一差异才能对其做出恰当的现代评估。问题在于，我们首先要对这一差异有所认识。

3

阿拉伯古代诗人生活在一个清晰、有序的世界里：一切都是确定的，可以解释清楚的，从如何洗手洗脚，到人的来世会怎么样，都可以说得明明白白。这个世界建立在绝对的、终极的真理之上，建立在坚定的信仰之上。而诗歌结构也是更多地建立在理性和智力上，而不是心理和情绪上。至于人隐秘的内心世界，则是被克制的、压抑的。因此，总体来说，诗人表达的是现成的思想和语义。换言之，因袭先人的语义，只对它进行解释和变换花样。也因此，读者读到的也只是先前熟悉的智力产品，对诗歌的评估标准便也只能是：在多大程度上诗人的语义与自己熟知的成规相吻合？吻合度越高，给出的评价就越积极。

这就是古代诗歌批评重视诗歌形式和技巧的原因。正如贾希兹说的那样，意义和思想一旦投放市场，诗人便按照市场规律作诗，不再注重思想，只关注其形式如何，确切地说，只注重工艺上的花样翻新和形式上的一再包装。

所以说，古代阿拉伯诗人的世界是个确定而有序的世界，总体而言，其产品是这种确信和秩序的镜像。

4

然而，历史发生了变化，从那时起到今天，在现代阿拉伯诗人的意识中，这个世界镜像已经发生了地震，诗人的思想和表达方式也发生了巨变。不再有绝对真理的存在，也没有一成不变的形式了。因此，现代阿拉伯诗人不再因袭前人的思想，也不再从一个现成的语义出发；诗人开始质疑，开始寻找，试图为他的新世界创造新意义。因此，现代诗不再像古典诗那样，为读者呈现思想和意义，而是为读者呈现一种状态或意象，或一个想象的空间，或某种情绪及其影响的空间。诗人不再从一种明确的、既定的理性或思想态度出发，而是从情绪的氛围出发，我们称之为经验或灵悟。

综上所述，阿拉伯现代诗人的观念完全不同于古代诗人，其创作路径也发生了根本性的变化。

从这个角度看，现代诗歌经验是与古代的一种决裂：产生前所未有的可能性，以全新的方式为人类和世界建构全新的意象和全新的理念。阿拉伯社会的这次决裂肇始于艾布·泰马姆，他的诗歌引起了一场改变阿拉伯语义、表达系统和理解系统的革命，这场革命曾被古代批评家们说成是“腐化了诗歌”，更有甚者说艾布·泰马姆的诗“也算诗的话，那么阿拉伯语纯属虚妄。”持这一观点的批评家形容他的诗歌是“反阿拉伯语的”，也就是说，艾布·泰马姆的诗歌不是阿拉伯诗歌，因为它不像传统古诗那样清晰明了。

虽然艾布·泰马姆没有像现代诗歌实验那样，引起全面的变革，但却遭到了当时人们的指摘，而这些指摘与对现代诗人的攻讦相比，不算什么。然而，那些认为蒙眬破坏了诗歌的人应该记得，恰恰是艾布·泰马姆为代表的少数诗人那种被说成“蒙眬的、腐败的”诗歌缔造了阿拉伯诗歌的辉煌，为我们阿拉伯诗歌带来了荣耀。

这里，我们要指出的是，这种决裂几乎发生在所有民族的历史进程中，当一种主流表达向与众不同的方式过渡时，诗人及其文本对读者而言，常常遭到“语义不明”的诟病。

所有创新者都是蒙眬的，对他同时代人而言如此，对历朝历代而言皆如此，甚至可以说，在艺术和哲学领域也概莫能外。从这个意义上讲，我们可以把“当代”称之为遮挡在创新者和读者之间的面纱，而这层面纱会很快被后来者撕裂。既然文本还是那个文本，没有变，那么对蒙眬的指摘也就纯属妄言：这是读者用来遮挡其文化素质低、目光短浅的面具，以此掩盖他用固化思维来理解变化了的事物的固执态度。

5

由此看来，蒙眬是读者对还无法理解的，或无法驾驭的、认知之外的文本的一种描述。这里，现代性就是个蒙眬的空间，现代性是与一系列既定的事物的决裂，而继承者们固执地希望按照原有事物的样貌和元素因袭下来。这一决裂导致了读者的迷失，因为读者除了对过去的记忆、传统和习俗以外，别无储备。因此，蒙眬的说法是一种影射：蒙眬来自这种迷失，来自对新旧表达之间差异的无法认知，对诗歌时间性意义的无法认知，它要求用可以回溯到约20个世纪的时间来判断当下的瞬间；同时，蒙眬也来自对变化和意识观念的转变。

6

有些人习惯用这样的方式来判断事物：当你说夕阳西下时，他却认为你反对旭日东升！

为此，我再次重申，我并不为“蒙眬”鸣锣开道，我只是想指出，在我们的诗歌生活中，总有人施展妖术，打着“蒙眬”的幌子来掩盖其创新的无能。同样，我也不会赞美“清晰”，我也只是想借此指出，同样也有人借着“清晰”的幌子，掩盖其创新的无能。我不在乎是否“蒙眬”或“清晰”，我更在乎的是创新本身。

同时，我重申，现代诗歌的蒙眬性被评价为不美，其实是个自然的历史现象，可以归结为阿拉伯社会结构性问题，归结为诗歌优先的社会形态本质，由此生发了现代诗与记忆和传统的分离，与记忆和传统大众的分离。

由此我倾向于说清晰和蒙眬的问题并非来自诗歌的隐晦，或受到艰涩艺术的影响，这个问题其实来自对诗歌的意识形态立场。

7

其实，这个问题在阿拉伯社会中由来已久，“清晰”曾是一个基本的意识形态原则，可以简要概述如下。

（1）在伊斯兰教中，先人们认为除了宗教传统揭示的真理之外，再无宇宙真理。与之对应的文学亦是如此，除了传统诗歌揭示的艺术真理之外，再无其他。

如此一来，后来的阿拉伯人怎能知道前人不知道的事物呢？怎能违背现成的作诗原则而作出“蒙眬”诗呢？按照传统的观念，诗人创新意味着走上歧途，因为他声称发现了“未知”，这冲撞了主流意识形态，而且还跟传统相背离。乌姆鲁勒·盖斯之后的诗人怎么可以声称他比乌姆鲁勒·盖斯更了解诗歌？这意味着对“蒙昧时期”诗歌原则的质疑，继而是对其标准的质疑。

于是，“蒙眬”就变成了前人不知之事的代名词，也就成了人们反对的事物。后来的阿拉伯诗人一旦要揭示前人未曾发现之事，那就是要改弦更张，就是对古诗的颠覆。

（2）从理论上讲，尤其是宗教兴起以来，阿拉伯社会生活在一个完全确信的世界里。观念上如此，实践上亦如此。所有一切都变成了工具。与理论和话语世界相关的领域，“清晰”是首要的实践标准，强调其工具性特征，工具就是用来服务的，工具在实践层面上比人本身还要重要。由此，诗歌也就变成了阿拉伯人的话语武器，成为为头脑服务的工具，犹如勺子是为嘴服务的一样。工具的价值就是让我们心安理得，毋庸置疑地信赖它，犹如每天我们举起勺子，送到嘴边，不用费力，也从来不用想为什么；每天穿鞋也是如此。同理，我们应该毫无思考、毫不费力地去读诗、理解诗。

（3）工具性的不节制导致诗人成了研究者，成了“思想的编织者”，成了演讲家。

演讲作为一门说话的艺术，要求演讲者讲话时具有一定的节奏，言简意赅，思想明确。换言之，从风格和思想上看，演讲词要求建立在清晰、明确的基础上，以便说服听众，用以传播载道。比如用于赞美、自诩、讽刺等功利性的演讲词，用于欢颂庆典，激发、鼓励民众的演讲词。这些演讲词都要求语词意义明了，表达清晰，以便达到激发听众热情、让他们陶醉的目的，具有感染力、引导力和说服力。

而学术性则把诗人变成了事无巨细地罗列现实的研究者，其基本特征取决于材料的实用性，诗歌在理性的框架下运作，成了机械地重复，人们往往看中学习和实践的物质材料的“实用性”，而非严谨性和创新性。甚至连阿拉伯诗歌美学都成了一门学科——以最省力的方式获得最好的效果。与这一观念对应的文学标准就是简化了的修辞。

8

如此看来，蒙眬是个意识形态问题，而非文本问题，它关涉到如何理解创新，又如何理解和面对民族遗产。因此，我认为评价现代阿拉伯诗人首要条件就是能否超越意识形态，如何面对古诗及其涵盖的一切：诗歌的概念、创新的概念以及源自于此的文学标准。

只有在这一前提下看问题，才能看到别人看不到的事物，才能有所发现，有所超越。尽管在丰富的内心和技巧表达方面，作者和读者之间必然存在着差异，但是这种差异并不意味着二者之间互不理解；而是指二者之间尚没有达成一致，二者的分歧正是欲求联合的一种表现，要求读者也成为一个有创新意识的诗人。

由此，我们便能理解为什么读者总是从记忆、习俗和民族遗产出发，远离超越和发现的氛围，在面对诗歌时，他总是持惯性思维，就像面对物质消费时，他总想先满足身体需求，身体消费了就代表着自己拥有了。这样的读者也许除了诗歌不读，其他都读。

从这个角度、这个层面看，“蒙眬”之说对真正的诗歌进行美学评论是不妥当的，以“蒙眬”之名攻击诗歌的人，实际上是流于表面而反对深邃思想的人，是留恋小溪而拒绝大海的人，是囿于沙漠而抗拒森林、雷电和雨露的人。

想象一下吧，一个“清晰”的人，或一个“清晰”的世界，他（它）只能变得十分肤浅和平庸，那里绝对没有诗歌的位置。

第四章

诗人时代

一、诗歌与现代性

1

只有在历史语境下从社会、文化和政治的角度来审视阿拉伯诗歌的现代性，我们才能够正确地理解它。阿拉伯诗歌的创新兴起于伊历2世纪（公元8世纪），与当时要求在政治、社会层面实现平等和公正的革命运动相关，主张穆斯林之间不分人种和肤色一律平等。它的兴起也与一些社会思潮相关，即以某种方式重新审视传统文化观念，尤其是宗教观念。当时，认为伊斯兰国家立足于天启或使命，这种观点一度占据上风。一方面，国家制定了哈里发制，后辈不仅从先辈手中继承王位，而且守护它并在理论和实践中传承它。另一方面，国家是一个“乌玛”①，也就是说，“一统”是核心追求。因此，隶属于宗教的思想和政治是大一统的。

因此，当时的权力机构通常会打压这些思潮。从政治层面看，认为这些思潮背离了宗教，因为它背离了宗教性的哈里发王权；从思想层面看，认为这些思潮是异端邪说，因为它一方面削弱了宗教在道德教化方面的作用，另一方面否认了天启在认知中的作用，主张认知和真理属于理性范畴；从苏非主义层面看，认为这些思潮偏离了“逊奈”②和伊斯兰教法，因为苏非主义将表象与本质、教法与真理区别开来，强调认知和真理来自内心世界，认为安拉和宇宙、安拉和人类之间可以实现一种合一状态。

换言之，当权者曾将所有不依据哈里发制度思考的人称为“革新派”，否认他们的伊斯兰属性。由此，我们就明白了为什么“革新”和“革新派”这两个词语在宗教词典里用来描述背离阿拉伯传统诗歌的现象，也就明白了对于当时的主流机构

---

① 阿拉伯语音译，意为“民族”，引申为社团、公社，亦指早期麦地那穆斯林政权。622年9月24日，伊斯兰教先知穆罕默德率信众迁徙麦地那后，号召穆斯林在共同信仰的基础上，组织起名为“安拉的民族（Ummatullah）”的宗教公社，并以盟约的形式签订了《麦地那宪章》。公社突破了阿拉伯氏族、部落的血缘关系，以宗教和地区为社会组织的基础，建立起了组织严密的，为伊斯兰而奋斗的武装社团—乌玛。

② 阿拉伯语“行为”和“道路”一词的音译，指穆罕默德传教过程中的种种行为和话语，简称“圣行”和“圣言”，为其弟子传述并效仿。

而言，诗歌话语如同政治或思想的离经叛道，是对哈里发文化的不忠，对传统范式的否定。我们也由此明白了阿拉伯生活中的诗性为什么曾经甚至直到今天仍然和政治、宗教难解难分。

2

在上述背景下，我们认识到，阿拉伯社会的诗歌现代性问题超越了诗歌本身，直指阿拉伯社会普遍性的文化危机，从某种意义上来说，即身份危机。它不仅与多方面、多层次的内部斗争有关，更与阿拉伯社会与外部力量之间的博弈相联系。由此，我们可以发现，随着内部斗争的激化或外部危机的加深，复归过去反而加重了阿拉伯社会的孤立。我们在当今的阿拉伯生活中会明显地看到这种历史现象的延续，从而印证我们的观点。

这或许也帮助我们理解导致阿拉伯社会现代性兴衰迭起的原因，它强盛于公元 8 世纪、9 世纪和 10 世纪，之后的几个世纪里日渐式微。随着内外斗争的起伏，现代性思潮时强时弱。继而，我们从中或许还能理解为什么现代性在大多数情况下只是一股反抗、质疑、推动的力量，并没有形成一种根本的全面性的意识，进而深入阿拉伯理性或生活结构中。最后，或许还能解释为什么传统的、古代的理性结构压倒了阿拉伯生活、诗歌和思想。

3

随着1258年巴格达沦陷，阿拉伯社会开始在开辟现代性的道路上倒退，随着1096—1291年宗教战争的爆发，现代性渐渐丧失殆尽，奥斯曼帝国统治时期的阿拉伯社会已经倒退到极点。

19世纪初期至20世纪40年代中叶，这段时期既是西方殖民时期，又是阿拉伯社会与西方文化及其现代性发生关联的时期，被称为"复兴时期"（这个命名本身就值得考量），这时，现代性问题再度被提出，由它引起的诸多两难困境和问题被重新讨论。众说纷纭，意见不一，可分为两派：保守派和变革派。前者认为要以宗教和阿拉伯语学为根基，而后者的观点恰恰与此相反，主张以欧洲的世俗主义为基准。

然而，经济、社会、政治及内外部因素使得保守派思想占据了主导地位，特别是在机构层面。在这种文化框架里，古代宗教、语言和诗歌的圭臬成为终极真知的典范，这意味着，未来被过去界定，即来自这一文化的文人不能设想还会有什么真理和真知能超越这种古典圭臬。这就意味着，艾布·努瓦斯和艾布·泰马姆在语言和诗性上的思考，伊本·拉万迪、拉齐和贾比尔·本·哈扬的远见卓识，以及苏非派在经验和灵悟上所开创的现代性，还有真理诞生于人类及其生活世界的设想，这一切都是前所未知的、崭新的。上述这些立论不仅是对古典圭臬进行的批判，更是对它的僭越。

换言之，现代性话语包括一切有关前所未知事物的话语，从这个角度出发，一切揭示过去某一缺陷或填补空白的话语都是现代性的。因此，现代性就是僭越成规。由此，我们就明白了僭越传统的创新与对异教邪说的指控之间的关系意味着什么，也明白了“现代的”“创新派”“创新”这些术语被用于诗歌领域的原因，正如我所讲的那样。

这种保守的文化还体现在持续的认知实践中，它认为真理在文本中，而不在实践和现实中；因此，保守文化认为真理已经被一次性给出了，除此之外别无真理可求。而思想的作用仅是在信仰这一真理的前提下去阐释和教喻，并非为了达到新的不同的真理而去探索和求知。因此，这种保守文化自然而然地排斥理论上与其本源背道而驰的现代性，尤其排斥那些导致对其宗教观和宗教认知体系质疑的思想。

最终，阿拉伯人发现自己尽管 14 个世纪以来发生了诸多变化，但由于这种传统认知对机构和权力层面的控制，仿佛在舞台上不断运动，重演同一段历史，而目标却只有一个：持续性地复归过去。

现代阿拉伯思想由于未能以分析、批判及解构的方式直面这一认识实践，故加重了其霸权性。阿拉伯现代思想也许是因为怯懦，也许更愿意施展“魔法”，“消抹或根除这种霸权”，但这种“魔法”很快反转过来。由此，我们找到了一些理由来解释为什么阿拉伯现代派思想家在面对西方现代性冲击时采取调和的态度，他们认为现代性首先是取得科技成果。这样，阿拉伯社会的现代性曾经是并且仍然是个舶来品。阿拉伯社会的现代性就是接受西方现代文明成果，却拒绝创造这一成就的理性和方法。现代性首先是种态度和观念，然后才是成果。

在诗歌艺术方面，保守文化的霸权地位导致了回归“蒙昧时期”口头文学的价值。因此复兴时期大多数诗歌充其量就是以庆祝的方式，加速了文学的复归。然而，打着创新旗号的反传统运动也并没有像艾布·努瓦斯和艾布·泰马姆诗歌或苏非派写作中表现的那样，真正以阿拉伯现代性为根基，也没有像朱尔杰尼理论中表现出的那样，以阿拉伯诗歌语言的现代性为标准，而是全盘抄袭、模仿西方诗歌的现代性。

如此，阿拉伯社会的现代性危机在复兴时期变得更加严峻，这一时期造成了阿拉伯生活在理论和实践两方面的断裂。复兴一方面是复活古代传统表达形式，以便阐明现今的问题和经验。但真正的复兴并非仅是表达方式的复兴，它同时也应该是感知、认知、方法和思维的复兴。因此，所谓的“复兴运动”反而强化了对一些古代语言表达形式在观念上的确定，将它奉为不可僭越的绝对的圭臬，而且应该经常性地复归，因为只有它才是诗歌真理。由于受到复兴时期诗歌缺陷的影响，阿拉伯特性仿佛成为各种幻象的堆砌，也使得阿拉伯时间仿佛与现实时间脱节。

另一方面——体制、生活和政治实践方面，复兴时期的阿拉伯社会几乎完全成了西方的附庸。如此，复兴时期形成了双重附庸模式：附庸过去，阿拉伯人以复归和回忆来弥补哈里发王权实践的不足；附庸欧美，以思想、科技的借用来补偿自身创造力的缺失。事实上，阿拉伯主流文化的大部分理论都来源于过去，尤其是宗教；而大部分科技则来源于欧美。

这两种模式泯灭了民族特性，造就了思想和生活上的拿来主义。这种文化不仅教导如何消费物品本身，也教导如何消费人类。

由此，我们认识到自 20 世纪 50 年代以来诗人（批评家、文学家及思想家）是如何在模仿两种文化的夹缝中成长：因袭自我（传统的、本源的），模仿他者（现代的、欧美的）。这两种模仿都以其特性和机制消弭了阿拉伯自身遗产中的现代性意义和创新价值。前者以回归最初本源之名消抹自身现代性；而后者，要么出于无知，要么出于崇洋媚外来消抹它，拒绝探究自我的独特身份。

在此，我坦言我也曾经是效仿西方文化的一员，但很快转变为有所超越的首批人物之一，他们用意识和观念武装自身，使自己能够以全新的视角审视民族遗产，实现自身文化的独立性。我同样也坦言，我并未完全从阿拉伯主流文化体系及其知识结构中了解到阿拉伯诗歌的现代性。坦率地说，波德莱尔改变了我对艾布·努瓦斯的认知，意识到努瓦斯诗歌中的诗性和现代性；马拉美向我阐释了诗歌语言的奥秘，使我领悟了艾布·泰马姆诗歌中的现代性意旨；布勒东、奈瓦尔、兰波三人的诗歌引领我发现苏非派经验的独特性及其魅力；法国现代批评方法指引我理解阿拉伯中世纪朱尔杰尼批判性文章的现代性，尤其是关于诗性及其语言和表达特征的观念。

我这么说并非出人意料，正是“晚期的”西方现代性使我发现了我们“早期的”阿拉伯现代性，它超越了我们建立在西方范式上的“现代化”政治文化体系。

由此出现的问题就是，现代阿拉伯诗人发现自己在夹缝中生存，一方面抵抗复归原初的阿拉伯文化体系，另一方面抵抗这一体系采用并普及的西方文化。这个体系一边与主流传统倾向相勾结，一边与殖民环境中产生的迫使我们与西方成就进行互动的文化结构相媾和，而这些成就也只不过是各种形式的科技和消费产品，以上这些合力致使我们与真正的阿拉伯现代性相分离，而那才是我们文化遗产中最深刻、最丰富的部分。

问题尖锐的一面在于，现代阿拉伯诗人真正生活在双重围困中，一方面受到附庸他者文化的攻击，另一方面受到与过去难以割舍的传统文化的影响。

还需要补充一个更为尖锐的问题：阿拉伯语本身的地位。阿拉伯人成长于这样一种文化中：视语言为自己言说的形象，同时视自己为语言感知和思考的形象，因此阿拉伯语是思想和感情的统一，是阿拉伯身份的首要象征及保证。语言仿佛在“蒙昧时期”就已经创造了阿拉伯人的天性，甚至可以说，在阿拉伯人的本源意识中，语言就是存在本身，语言学就是存在学，存在的律动及其内核皆迸发于这个被创造的语言物质。由此，我们理解“语法”一词的含义就是:遵从最纯粹的语言原则，是静止与运动、言说与心动合一的标志。因此，如果说语言是自然的律动形式，那么，这种形式是通过语法才得以圆满和统一的。

由此看来，语言不仅是把彼此分离的语义连接起来的工具，而且就是语义本身，因为它是思想，甚至说它先于思想而存在，后来才有了知识。由此，语义的标准寓于语言中，受语法规则约束。

如今的问题在于，被视为阿拉伯人存在之核心的语言，在实际运用中看起来更像是辞藻的堆砌：路人甲不掌握，路人乙又将它混用到另一种方言或外语中，而路人丙不知道如何创造性地使用它，因此，语言看起来像个庞杂的仓库，每个因需要而进库的人却总以这样或那样的方式、这样或那样的理由嫌弃它。语言和使用者之间有了距离，昔日，语言被视为人类的本质，语言就是目的；如今，语言不过是个工具。该怎样做才能协调过去和今天？有人竟迫不及待地呼吁要改变语言结构，甚至用方言取而代之。如果我们回想起在阿拉伯本源意识中，语言与经典的紧密关系，难道不认为对语言的无知，或呼吁改变语言结构并以方言取而代之的想法就意味着改变意识、改变身份吗？

由此，现代性问题更为复杂的一面已摆在我们面前，当今，从语言层面上看，最能代表阿拉伯人本性和创造力存在的迹象正在蜕变并走向腐朽。换言之，现如今的阿拉伯人不知道他们曾经存在并奠定他们历史地位的根基在哪儿，正如伊本·赫勒敦所言，他们丧失了语言感知力。阿拉伯人仿佛漠视身份给予他的一切，或者说迷失了自我。

4

从上文观之，阿拉伯文化现代性问题关涉到阿拉伯思想与自身的对话，以及与阿拉伯遗产中知识史观的对话。因此，对现代性的审视应先着眼于阿拉伯生活结构及思想体系。阿拉伯思想对现代性的质问首先是自问。从西方角度和西方现代性文本内探寻阿拉伯现代性是不正确的，应以阿拉伯思想为认知工具，在其本源和历史的视野中，在其独有的文本中，并在其所衍生的问题框架下去探寻。

但是，自从认识到这一现实以来，我们就陷入了一个两难的困境，因其不断受到历史的影响而变得不太正常。我对这个困境描述如下：阿拉伯社会有些派系认为要政教分离；也有一些派系持反对意见，认为宗教是阿拉伯生活的基础。

让这一两难困境更加棘手的是，那些倾向于将宗教与政治和权力分离的现代思想流派本身也建立在一种封闭的思想体系上，它们拒绝天启宗教，却想用另一种形式的“宗教”取而代之。这种困境是阿拉伯主流思想体系建立的核心，无论是支持还是反对主流文化政治制度，这种思想相信真理是预先给定的，是现成的，它体现在文本——经典中，它是完美的、终极的。信条（宗教的、意识形态的）同这个全面而既定的文本一样，以及现有制度（及可能的替代品，即想要取而代之的反对派），都是这些思想体系的卫道士。整体而言，文化是解释性、传达性文本；诗歌文本专门负责宣传、教喻，使人受益，陶冶性情；而知识仅仅是既定的、全面文本真理的镜像映射。顺着这个逻辑，不管什么情况，文本都没有错，问题出在不理解它或偏离它的人身上。这个文本涵盖真理和知识，因其独一无二，真理只有一个，那么它就是真理，知识只有一个，那么它就是知识。于是，文本就是权力，顺着这个逻辑，真理通常在权力中，而非之外。就此，玛沃迪[1]说，文本一旦失去了权力，真理也就随之消逝了，即真理与权力是一体的。因此，权力的分化（或改变）意味着真理的瓦解（或改变）。由此，对真理和权威的威胁就上升到了对民族自身的威胁。

于是，自然而然，这一文本在其追随者的眼中是绝对的、不可替代的并且是不接受异见的，其出现的时间才是今昔的划界。因此，它是所有时间的汇合点，甚至时间都由它来衡量，它不受时间的制约。

因此，抛开这一文本、不信奉它或偏离其法则的行为自然都被视为堕落，那么，复兴运动倡导要复归并恪守这一文本也是自然而然的事情。阿拉伯“古代”思想和“现代”思想中哪有一次复兴不是为了复归宗教的、先知的、领袖的、导师的文本呢?

如此，这一困境把我们围困得越来越紧。古代和现代阿拉伯主流的思想框架，都从根本上与现代性相悖。我们以这种本身已经僵化的思想框架，完成了与西方及其现代性的“现代”联系。这导致我们接受了一种穿着花里胡哨外衣的伪现代性，在实际生活中表现为引进各种现代化制品，在诗歌和思想方面借用不同语言的表达方式，而这些语言与阿拉伯语在天性上有

---

① 玛沃迪（Abū al-Hasan Ali ibn Muhammad ibn Habīb al-Mawardī，974—1058 年），阿拔斯后期沙斐仪派最著名的教法学家、法官，撰写了 20 多卷的《沙斐仪教法学百科全书》。

着本质的区别。如此，我们自己历史上形成的现代性理念及核心离我们越来越远。这一核心的主旨是：在实践和理论方面投身于揭示大自然的秘密和宇宙的未知，并非为了复归什么，而是为了更多探索，在无止境的开放的天际中以不断探究和质疑的精神一路前行。

现代性以其工具技术性表象一方面把我们阿拉伯人当今的生活推向进口和消费的沙漠中，另一方面，也从内部腐蚀了我们的头脑，让我们失去了独特的创造性思考能力。因为，现代性以其书面的表象，尤其是诗歌表象，催生了诸多肤浅而幼稚的观念，这样的现代性只不过是一种文字装配组合，或是折射日常生活的一面镜子，又或是从时间浪潮中拾起的飞沫。

因此，无论从技术层面还是从书写层面看，我们的主流现代性都是一种幻象。在此，我从诗歌现象出发简要概括我的观点，将现代性的错觉总结如下。

第一个错觉是“时间性”。有种流派认为，现代性就是与当下时刻的直接联系，由此认为，谁捕捉到当下时刻的变化便能证明他进入了现代性。很明显，该流派将时间视为一种连续的线性的跃进。因此，当下发生的必然胜于过去发生的，而未来即将发生的又优于当下和过去发生的。该流派的谬误在于它将诗歌变成了一种标新立异的时装。此外，它还忽略了一个核心问题，即最具现代性的诗歌源自超越当下时刻的时间深处。因此，诗歌并非仅从当下获得现代性，诗歌现代性是隐藏于其自身结构内部的特质。

第二个错觉是“与过去相异”。这种说法的拥护者认为，与以往相异的才是现代性的。这是一种机械论，同“时间性”的说法一样，将创新引向二元对立的游戏。这个游戏是“旧时”与“现时”的对立，如此一来，诗歌创作成为浮在表层的浪花，相互排斥。其实，我们稍稍浏览一下像艾布·努瓦斯或尼法里的创作，就会发现他们二人的创作比许多生活在我们当今时代的诗人的创作更具现代性。

第三个错觉是“同质性”。这种说法的拥护者认为西方是现代性的发源地，因此，西方诗歌及其标准以外再无现代性可言，也就是说，只有类似于西方诗歌的、与西方诗歌同质的才具备现代性。由此出现了一种错觉，认为现代性标准在西方，来自某种特定的语言和经验。实际上，如果认可了这种来自异质语言和经验的标准，那就意味着自我、语言和诗性的被剥夺，也就是身份迷失。

第四个错觉是“散文形式”。这种说法的拥护者认为只要用散文体写作就跨入了现代性，因其异于古代韵文体写作，而更接近西方的散文体。更有甚者夸张地认为韵文体写作是传统的、古老的，只有散文体写作才是创新的、现代的。这种观点与传统观点相反，传统观点认为，只有格律诗才是诗歌，散文无论怎么写，都与诗歌相悖。那些人不强调诗歌的主体，只强调它的外壳；不关心诗歌的元素，只关心它是否有韵律。然而并非有韵律的都是诗歌，同样，并非没韵律的都是散文，韵律的有无并不能确定某一写作是诗歌还是非诗歌。当今，我们可以看到按韵律写作的非诗歌，同样也可以看到按散文体写作的诗歌。

第五个错觉是“内容创新”。这一流派声称，每一部涉及当代成就和问题内容的诗歌文本都肯定是一部现代文本，这是个经不起推敲的妄言。诗人或许意识到这些成就和问题并为此作诗，但却以传统的艺术和表达形式呈现，这种拘泥于形式上作诗的表现是失败的。这一点突出体现在当代阿拉伯诗坛上，起于邵基和哈菲兹，经由鲁萨菲和扎哈维，直至现在，那些书写其“现代”意识形态的诗人均如此。

5

阿拉伯诗歌现代性跨越了三个重要阶段，一是城市化—文明化阶段，其价值和符号与沙漠或贝都因文化相对应，艾布·努瓦斯的诗歌以其独特的方式宣告并奠定了这一现代性价值；二是语言—隐喻阶段，或曰隐喻修辞格阶段，它与“蒙昧时期”诗歌中的“明喻”相对应，同样以独特的方式在艾布·泰马姆的诗歌和苏非派经验创作中宣告并奠定了这一现代性价值；

最后一个阶段就是与非阿拉伯的他者文化交融互动阶段，通过了解和实践，现代性价值得到滋养。

所有这些使现代性诗歌超越了范式和参照，在重视奇异、独特和原创的视界中前行，从而不断地创新事物的意象，生发人与物的关系，并同时创新语言使用和诗歌写作的手法。我在此重申，我们必须以一种重新审视的态度，将那些曾经被抹去或被忽视的作品置于这一运动的中心，即那些苏非派经验的创作，特别是尼法里和艾布・哈扬・陶希迪的作品。[①] 现代性诗歌激起了由一批传统文化人士和保守派领衔的批评浪潮，甚至一度达到了要废止它的地步。批评的焦点或原因可简要归结为：这类诗歌背离了传统的（本源的）价值观，引发了舒欧比亚主义[②] 对艾布・努瓦斯的指控，指控他背离了古代诗歌中体现的诗歌表达“原则”，也引发了对艾布・泰马姆的指摘，说他“败坏了阿拉伯诗歌门风”。

---

① 在此，没有足够篇幅来探索这一现代性特征，并对其进行分析。想要对我观点加深理解的人可以参考我在这方面的书籍：
稳定与变化：本源考 . 贝鲁特：回归出版社，1982.
现代性的冲击 . 贝鲁特：回归出版社，1980.
世纪末的开篇 . 贝鲁特：回归出版社，1979.
阿拉伯诗歌导论 . 贝鲁特：回归出版社，1979.

② 舒欧比亚主义（Shu'ūbiyyah）：阿拔斯王朝时期的波斯民族主义运动，该运动也称作“反阿拉伯主义运动”。“舒欧布”（Shu'ūb）是阿拉伯语“多民族”的音译。10 世纪以后，由于阿拉伯帝国统治者继续奉行阿拉伯化政策，引起非阿拉伯人的强烈不满，他们以文学、诗歌的形式，批评阿拉伯贵族的种族优越感，尤以波斯文化界为甚。

阿拉伯诗歌现代性发生的背景是：8世纪初在巴格达开始建立的人类文明，它代表了意识和感知的觉醒，阿拉伯语的诗性以各种新方式被使用，来拥抱这一实践并阐释它。阿拉伯诗歌现代性以一种与“旧的”相悖或超越旧形式的姿态诞生，与此同时，又以一种与外部文化，即非阿拉伯文化交融的姿态勃兴。这也就是阿拉伯—伊斯兰文化运动所表达的内容，它是这一文化最本质的特征，杂糅了“蒙昧时期”和伊斯兰时期的固有文化遗产，又兼容并蓄了波斯、希腊和印度等他者文化，即集人类最有影响力的文化成果于一炉，再加上沉淀于历史记忆和社会生活的最古老的元素：苏美尔—巴比伦文化、阿拉姆文化和古叙利亚文化。

阿拉伯现代性的成果证明，任何一个民族的文化都不能孤立于其他民族的文化而独立存在，它是影响和被影响的结果，给予和奉献并存；还证明，这种互动的首要条件是该文化应兼具创造力和独特性，创造力和独特性的结合才是阿拉伯实效主义留给后人的遗产，在其发展巅峰期经由安达卢西亚传播到了西方。

6

这一历史语境迫使我们重新审视现代性进程及其在现阶段的问题：从这个语境意识出发来重新审视伴随现代性而来的宗

教、社会、政治和文化方面的种种问题，也只有在这种意识下的重新审视才能够打开视野，了解自我和他者的使命，为我们正确看待自我和世界提供新视角，才能照亮我们未来的建设之路。否则，阿拉伯社会的现代性将继续被看作是利用某种“伎俩”或“盗窃”“搬过来”的他物，阿拉伯社会也将继续被看作是被西方霸权列车拖着走的踉跄前行的车厢，在盲目效仿中失去自我，在盲目守旧中失去自我创造力和存在感。

自我意识使我们承认，祖先在各领域所创造的财富并不能完全应对我们当下的问题，或帮助我们获得新知。但这并不意味着否定他们在知识生产史上的价值和作用，而是强调。我们如今正面对着他们未知的事件和问题，因此我们必须以不同的方式处理它们，特别是在这个知识大爆炸的时代。抱着陈旧的知识形式、范畴和方法不放，就是与当下的知识时代和知识本身背道而驰。这种停滞不前、抱残守缺并不见得能保护我们的遗产，或坚守传统。因为传统不是一个特定的点，或一成不变的事物，也不意味着只有复古才能证明我们的身份。相反，更确切地说，传统是人类和社会朝向未来运动并实现超越的永恒能量——朝向一个拥抱过去、掌握新知、展望美好未来的世界。我们需秉承和沿袭的是推动我们祖先前行的火焰，即质疑、探寻和求知的火焰，以人类和宇宙的新视角，以及新的知识方法去完备我们祖先的创造。这需要解构他们的知识和观点，批判地吸收这些知识，如此，才能推陈出新。这就是“新”与“旧”之间深层次创造性关联的秘诀。

西方他者意识迫使我们意识到，东方（阿拉伯）与西方（欧美）之间的冲突并非人文、思想或诗性的本质性冲突；从根本上看，是由西方殖民主义引起的意识形态性质的冲突。因此，我们拒绝西方，并非全盘、绝对地否定它，而是拒绝它殖民的、意识形态的政治结构。因此，我们拒绝其科技产品时，并非断然否定科技，或否定发明创造所需要的理性原则，而是拒绝西方在使用科技手段时强加于我们的政策，这让我们亦步亦趋，成为纯粹的消费者，将我们的国家变成纯粹的市场。至于科技产品本身蕴含的西方创造力和思想创新，我们是可以从中受益的，也可以通过我们文明的独特性与其切磋互通，就像西方之前与我们的文明成果互通那样。因此，西方他者意识使我们意识到，西方的产品并非全然无益，反而有很多有用之处，不仅能帮我们逐渐了解自身的问题，也能帮助我们创造知识。

缺失这种意识可能会使我们与西方他者意识形态的冲突演变成人文、文化和文明的冲突。当今，无论源自西方还是东方，也不管是出于有意还是无意，或者其他的意图，加剧文明冲突的企图揭示了另一种企图，即强调西方优越论，强调虚伪的双重性：文明的西方与落后的东方。我之所以说它是“虚伪的”，是因为这种言论基于机械技术主义的肤浅标准，事实上，根本不存在“东方”和“西方”的划分，它们各自独立自主，构建世界统一体，它们各自都是多元的：在西方，有很多比东方文化更堕落的现象，同样，在东方，也存在很多比西方更先进的事物。

这种意识使我们发现，当今整个世界都处于同一个全球文明氛围中，但由于每个民族在创造性参与度上不尽相同，所以有的民族的文明特性很明显，而有的尚未清晰地显现出来。也就是说，现代性反过来又营造了全球思想和形态的氛围，现代性绝非为某一民族专有。如果说东方和西方在现代性实践上还存在着差异的话，那首先是量的差异，或从某种意义上讲，是科学造成的差异。科学领域的成就是西方现代性的首要特征，也是对东方而言，西方的独特性所在。这种科学知识体系与古代世界没有关系，更是与古代的分离。科学是一个思想不断进步的领域，今天胜于昨天，明天超过今天。科学真理与哲学和艺术真理不同，它通过理论和实践得以证明，为大家所接受。因此，科学实践必然会有所创新。

科学是一种持续性自我批判的认知体系，是持续性超越自我的认知体系，僵化或倒退的观念与它格格不入。科学在不断进步，因为科学的精神是不断质疑和不断探索。

由此，科学历程必然是一个超越甚至抹掉过去的过程。科学从不依赖过去而存在，它总是展望未来。因此，西方科学凭借着其直觉和实践成果成为人类历史上最具革命性的事件。

这场科学革命，尤其对于我们阿拉伯人来说，其理论意义是什么？我将其概括为以下四点。

第一，科学改变了人类意识，使人类接受了令人惊叹却又无可反驳的事实，科学方法及进步思想使事实不言自明。

第二，科学问题从来不受限或设障，它可以敲开任何领域之门，无论在思想、道德上，还是在传统、生活各个方面，它无所畏惧，探寻不止。

第三，科学完全改变了人们对过去的看法。在科学眼中，过去不仅存在谬误，而且对事物是无知的，过去遗留的那些经不起科学检验的事物必将被淘汰。

第四，科学让人类能够接受完全不同于已知的未来的降临，接受过去的终结。无论人类在理论和技术上如何拒绝科学，这种企图必然会以失败告终。当今，科学就是发明、创造力、统领和探索的首要标志；工业和机器连同最古老的传统只能存在于较落后的社会中。科技的进步是一个不可忽视亦不可逃避的全球性事实，它逐渐刻入我们的思想和意识，占据我们的生活，宣布古老世界的坍塌。

在科学视野及科学氛围中发展起来的文化极大地影响了我们，更准确地说，影响了我们的理性意识和感觉，这里我仅谈论受其影响的诗歌现代性实践。我们的潜意识曾经并仍然被那些非科学理性的事物占据，我们曾经并仍然面对我之前提过的这个悖论：为什么阿拉伯社会拒绝科学技术及其理性原则。

科学意识使我们产生了焦虑感和分裂感，而潜意识却给我们带来了信仰和安宁。我们发现，科学给人类的外部世界带来了进步，却给内心世界——亲密的人性世界带来了损失。也就是说，科学意识强烈地引领我们走向未来的同时，却让我们的内心向往某种复古，那是一条更人道和更温暖的道路。

我们不禁要向科学提出与艺术相关的问题，比如，什么是诗歌和艺术的进步？随着科技进步，艺术也进步了吗？没有。科技进步的思想是科学体系的基本组成部分，但却与艺术创作毫不相干。艺术创作里，我们发现与科学（进步）相矛盾的方面，但也不能称之为落后。由此，我们得出结论，科学进步并不等于人类全面的进步，进步的标准不止一个，还有另一种和另一个层面上的进步，那就是更贴近人性，更能揭示人类内心的进步。

我们甚至发现，除了质疑机械技术主义以外，一种敌视科学的思想正推动和影响着我们生活世界的美学。科学思想虽然在过去的一些方面增添了现代性特征，使世界更加人性化、更伟大，然而，当今科技应用的相似性却造成了千篇一律，以至生命本身也成了机器。而诗歌和艺术强调的是事物的独特性、异质性及差异性，以便赋予生活多元的属性，令其处于不断的运动、变化、迸发中。

科学和艺术的不同步造成了我们内心的撕裂：一方面崇尚

科学（未来）的理性意识，另一方面向往艺术（过去）的内心需求。由此，我们开始向那些被科学忽视了的、甚至企图抹杀的事物致意。这一内心分裂导致了理性和自由之间的斗争，也就是科学和艺术之间的博弈。

在这场斗争中，我认为（这里仅谈我个人的经验，决不强加于人），与诗歌创作要遵从科学和理性原则倾向相矛盾的首要因素就是，如何看待过去和未来。我开始探寻各种既不否定未来思想，也不断然否定过去的路径，与以往不同的是，这些路径隐藏着某些过去，如苏非主义神话，那些非理性的神秘主义元素探求自我的蒙眬地带，以此来远离冷冰冰的科技理性，以期揭示更崇高的人性价值和更深远的科学真理。这并非像某些人所理解的那样要走复古之路，相反，它是一种对人类整体性存在本质的思考和探求，始于人类亘古时代就有的存在性、统一性、本真性和质朴性。那时，人类与地球唇齿相依，讲着一种靠感官和肌肤、靠叫喊和本能、靠男女相亲来交流的语言，那是一种与直截了当的理性背道而驰的相处方式。它逃逸于科学理性之掌，进入骇人的蒙眬的潜意识领地，那里，在无限的不确定的深渊之上，建立起伟大的创造。

所以，这种实践是一次新探索，是试图探索新人文主义倾向的起点。我认为，尤其在神话中，有种无时间感，借此，我看到人类的状况；神话有一种加深与人类联系和融合的感觉，即永恒的存在。我也发现对神话的运用能使我畅游于原初的想象，赋予我原初的动力、质询和创造的能力。

我开始走向一条反思之路，对纯技术性科学方法以及形成这一方法或生产它的工具理性产生了质疑，“进步”这一词汇的含义开始在我的意识中发生了转变。我逐渐意识到“先进”的本质是人文的，即质量上的提高，而不是数量上的叠加，例如，从深层人文意义上讲，生活在电脑旁和宇宙飞船里的西方人并不比生活在树林和牛群中的阿拉伯农民更进步。

我更倾向于一种说法：社会作为一个整体，它的进步不仅体现于其经济和社会结构的现代化，更主要的是体现于人类自身的解放，将它从这个结构及其背后的巨大桎梏中解放出来，从而在极大的开放和释然状态下使其成为中心和目标。

技术理性主义，我们不妨称其为“现代技术主义”，将人置于一个封闭的“工具性”体系中，使人围着赤裸裸的物质存在打转，他全部的能量被引导去控制外部世界，侵占、剥削他者，忽视其内心世界和珍贵的情感，忽视内心的向往以及心中澎湃激荡的渴望和需求。这样，现代技术主义才会欺骗人类，散布只有它忠实于人类的谎言。

人有时候是自大的，现代技术主义只不过是一种以产品和量化为标准的物质主义，它无法涵盖世间一切，只能对世间一小部分事物产生回应。而人的精神却远远高于这些，无法以量来界定，更无法受量的约束。

因此，在我看来，诗歌逐渐成为帮助人类冲破现代技术主义及其工具理性束缚的首要力量。假如技术是人类通过科学理性与自然建立的纽带，那么诗歌就是人通过自然与人的本质建立的纽带。因此，当历史缺少诗歌时，从广义的艺术创作层面看，这段历史就缺失了真正的人文精神。因此，可以说诗歌远胜于一种手段或工具，当然它也是一种技术；但确切地说，它和语言本身一样是人类的天性，诗歌不是人类意识史上的一个阶段，而是构成这一意识本身的元素。

从这个视角来看，我认为现代技术主义以其单调的工具理性抹杀了我们的本性后，又使我们丢失了未来的意义。我意识到，未来不再是我们充满希望和喜悦所期待的未知，反而似乎变成了我们机械重复的过去。由此，相较于单调重复的现代技术形式，一些古代的形态在我看来是那样的奇妙、吸引人；过去的，尤其是被压制的方面，显得如此迷人、充满奇幻。因此，我认为我们亟须超越现代技术主义，走向人类鲜活记忆中被抹去的那些方面，走向那些无论我们如何深入、如何发掘都仍然是未知的空白。诗歌的部分作用在于，在理性的技术主义表象背后，还能使人类始终保持着开放的态度，对幽冥的世界和无限的未知——通常是即将来临的事物——始终怀有激情。在这样的时间和非时间点上，诗歌是联结过去、现在和未来的桥梁，这项全面的运动进程可以超越技术进步的机械性、中立性和盲目性，拥抱变化中的未知。

由此，我认为诗歌的现代性已经历史化了，换言之，它已进入历史并成为历史的一部分。这意味着，用以阐释现代性的概念本身已经“老”了，或许当今最亟须编撰的是有关自 8 世纪到 20 世纪中叶阿拉伯诗歌现代性的著述。

假如现代性的概念已经变“老”，那意味着，现代性作为一个主要用于反对“过去”的概念，已经结束了。因此，诗歌领域的“现代”不再是“古代”的对立面，在根本上并不矛盾。“现代的”纪伯伦和赛亚卜可与“古代的”乌姆鲁勒·盖斯、塔拉法，以及中世纪较为“现代的”艾布·努瓦斯和艾布·泰马姆同坐一席，谈诗论道。撇开古今时间之分，他们的作品全都熔化于诗歌创作的熔炉中，熔化于我称之为阿拉伯纯正诗歌的整体性中，或从史学视阈看，我把它称为“第二次现代性”。

艾布·努瓦斯式或者艾布·泰马姆式的“现代性”到底意味着什么？意味着革新，不是为了否定“蒙昧时期”的古老，而是为了印证不断更新的生活，从理论和表达两个层面来揭示创新在美学范式上的艺术—思想规律。

从 20 世纪初开始的诗歌“现代化”，到《诗歌》杂志的发行，是现代诗不断成熟、拓展、深化的过程，它们将前所未知的现代性意义揭示出来，引导大家重新审视诗歌自身的意义，这是《诗歌》杂志在先锋性诗歌理论方面取得的最大成就，此外，它还在诗歌创作新方法、新理解及新评鉴方面取得了成果。

今天，可以说《诗歌》杂志开创了有规律地、持续不断地进行现代诗歌创作的新视野。

然而，如同我们看到在艾布·努瓦斯和艾布·泰马姆之后，出现诗歌形式上的包装占上风一样，如今，我们同样发现这种外衣的武断妄为，即形式压倒了一切。尽管外衣常常与现代性如影相随，甚至占据宝座之位，但同时它又是矫揉造作的世界强加于我们的纲领和炫技，这个造作的世界对我们和整个世界的霸权正在与日俱增。对外衣的推崇是全世界青年一代的基本特征，表明他们要与祖辈或过往彻底做个了断的渴望。在他们看来，过往就是那些不变的传统把其残渣沉淀于变化不羁的现代生活之流中，它陈旧僵化，难以满足青年们的宏图大志。

外衣的特点首先是刻意造作，像任何故弄玄虚的物品一样，它会转瞬即逝；其次是被淘汰：今天的外衣总会好过昨天的。如果说自然之物离开自我是为了在更深层次上找到自我和回归自我，那么刻意造作之物一旦离开自我，就如同一片树叶，被时间的风吹落。前者拥抱所有的时间，而后者只在滑过当下时刻表层时获得短暂欢欣。因此，矫揉造作之物作为一种表面形式的念想，从它出生的那刻起就成了过去，因为模仿前人的外衣就是一种陈旧。

基于此，现代性于我而言，既是时间性的，又是非时间性的概念。说它是时间性的，因为它根植于历史进程中，根植于人类的创造中，是人类持续性的展望和超越。说它是非时间性的，是因为它是一个涵盖全部时间的概念，它不像某个事件那样，仅在叙述时间时载入史册。换言之，现代性不仅反映语言的变化，更是语言本身的存在。因为，某种语言中的诗歌现代性首先是这种语言本身的现代性。因此，你的诗歌在成为“现代的”或“古老的”之前，你首先要成为一名诗人，而且只有当你和一门语言融为一体去感受、去写作时，你才能成为这门语言的诗人。语言具有声音价值、音乐价值和社会价值，故有着历史和过去。语言撇开历史和过去，便不可能有诗歌现代性；同样，撇开语言价值及其创造性的历史价值，那么语言现代性也便一文不值。因此，在某种语言中建立新的艺术价值首先要基于对这种语言历史性价值的认知，全面而整体地掌握它和实践它。

在某种语言中，其诗歌现代性所形成的艺术区别或差异，是根据该语言的艺术语境来确定的。这里没有矛盾，只是一种统一。在语言艺术语境中，诗歌的现代性和古老性是同一语言的两面。例如，阿拉伯语的现代性不管在形式上多么疏离，它始终是阿拉伯的现代性。我的意思是，对其的理解和评价不能以法国或英国的现代性语境和标准来衡量，而应该放在阿拉伯的创造性语境下，以创造性阿拉伯语的标准来实现。

7

现在，我提出一些总结性思考，我认为这些思考有利于我们认识阿拉伯诗歌的现代性及其诗性特征的框架。首先，我要强调，现代性不仅是思想的自由，更是身体的自由，是把压抑的人性解放出来，释放出来。要让阿拉伯人进行真正的现代性思考和现代性写作，意味着需要思所未思，写所未写，要面对那个在宗教和文化、个人和集体、心灵和身体上长期禁锢人们的庞然大物；还意味着现代性是对历史的一种参与，也是一种书写，将历史置于持续的质疑中，将写作本身置于持续的质疑中，置于不断探索语言能量和深究语言经验的运动中。既然阿拉伯语和阿拉伯社会不是自然的产物，而是有着悠久历史的产物，既然阿拉伯现代性生发于此，又是构成二者的因素，那么了解它们的本源、变化和问题，特别是关于语言的奥秘，就是了解“现代性”的核心。阿拉伯诗人想要成为现代诗人，那么他的写作就需要如源自远古的火焰一般闪闪发光，只有这样，他们才能高擎起现代化的火炬。

阿拉伯诗歌现代性要建立在摆脱禁锢的意愿上，建立在撼动所有禁锢人们的价值观和标准并超越它们的基础上。因此，“原初”“根源”“遗产”“再生”“身份”“特性”等概念，都有不同的定义和内涵。要强调“中断的”“交织的”“多种的”“变化的”“无尽的”等概念，用它们来取代另一些概念，如“持续联系的”“终极统一的”。这意味着词语和物本体之间的关系处于永恒的变化中，也就是说，词语和物本体之间有着话语无法填补的空白，这个无法填补的空白意味着提出质疑：“知识是什么”“真理是什么”“诗歌是什么”，这些问题的答案是开放的，意味着认知是无法圆满的，而真理处在永恒的探索中。

从本质上讲，现代性是一种创造性见解，或者更全面地说，“现代性”作为一个词语，自诞生起便走向老年，但其蕴含的创造力永远不老。因此，可以说，并非所有的“现代性”都是创新的，但创新则永远是现代的。

二、诗歌与社会

1

社会政治实践是革命运动的一方面，艺术创新是革命运动的另一方面。社会政治实践、社会文化实践和诗歌创作实践一起构成了全面革命的三大要素。

在此，我不想厚此薄彼，只是想说说各自的特点。创新启蒙思想的诗歌观和这一观念指导下的具体的诗歌创作，二者之间有所不同；同样，建构人类和世界的社会政治观与这一观念指导下的具体的社会实践，这二者之间也有区别。从广义上看，所有人类活动都是社会政治实践的一部分；但从狭义上看，诗歌作为具体的写作实践，也许跟具体的社会政治实践有所不同。因为社会政治实践建立在具体的事件上，并遵循它的发展规律；而诗歌创作虽然生发于具体的事件，并受其影响，但却常常超越事件本身。

因此，如果我们固执地认为诗歌是社会政治实践的一部分，那么就必然导致诗歌失去了自己的属性，不能反映自身特征和艺术规律，发挥不出自己的作用。社会政治实践和诗歌创作作为文化建构的两个急先锋，一定要统一和联合起来，不能顾此失彼，既要强调社会政治实践独有的特质，也要重视诗歌写作不可替代的特征，二者是革命实践不可或缺的两个平等的组成部分。

如果我们不改变对现实的想象方式，也不试图去影响这种方式，那就无法影响现实，更无法改变现实，而诗歌在改变想象方式上起着深远的作用，它以独特的形式改变着社会政治实践的变革方式，以社会政治实践或其他实践难以胜任的方式改变着世界，其功效无法取代，也不能取缔。

我们说社会政治实践会极大地影响诗歌，这没错，然而诗歌反过来也会影响社会政治实践。忘掉这一点，就会犯错，甚至可以说，实验性的诗歌写作会影响社会政治实践，因为社会政治实践总会事过境迁，而诗歌作为一种启示，将会永存下去。

2

我认为，阿拉伯历史上不曾发生过可以称道的“阿拉伯革命”，充其量发生过一些要求变革的、目标不明确的运动，谈不上真正意义上的革命。

不过，我尝试把我所理解的诗歌和革命的关系做些聚焦，将革命性的诗歌做以下概述。

（1）从内部看，在一个发生革命的社会里，诗人通过写诗来参与到革命行动中，我把这类诗歌称为“参与革命的诗”，它在阿拉伯社会里几乎没有。

（2）从外部看，受到革命事迹的感召和启发，或受到革命意识的影响，但并没有与革命行动发生有机联系，我把这类诗歌称为“同情革命的诗”，它在阿拉伯社会里有，但我并不认为它具有高贵的艺术品格。

（3）生发于阿拉伯生活现实和命运的诗歌，生发于革命意识的阿拉伯诗歌，这种诗歌把自己变成一场语言的革命、思想的革命和表达的革命。为了社会的变革，诗歌必须先革自己的命，从传统的表达工具开始，从表达的观念开始。我把这类诗歌称为革命启蒙诗歌。

我要写的就是最后一类诗歌，也是少量的阿拉伯杰出诗人，尤其是青年诗人的创作。这类诗歌朝着三个维度变化发展。

（1）朝着阿拉伯人业已取得的进步挺进。

（2）深切关注阿拉伯人向往的未来图景。

（3）深深根植于阿拉伯人罹患的灾难。

由此，阿拉伯诗歌在创新中将过去、现在和未来三个时间维度联结在一起，试图建构阿拉伯新史诗，诗人是这部史诗的主角，代表着全体阿拉伯人，也就是说，主角不再是传统意义上的个体，而是代表着整体中的每一个阿拉伯人。诗人通过史诗来叙述新的个人史，如同谱写阿拉伯人新的独特的历史。

可以说，前两个维度的诗歌颠覆了传统诗歌的创作空间，颠覆了所有肤浅的古诗：写景描状诗、颂扬诗、情诗、讽刺诗等，甚至颠覆了古代的理性，即颠覆了格言诗、演讲、即兴诗等，同时颠覆了单极化的诗歌，我指的是那些满足社会某种伦理观需求、某种心理情绪伦理需求、某种纪念性伦理需求的诗。第三个维度的诗歌颠覆了所有这些伦理观念，诗人在作诗时，只从整体的现代阿拉伯生活层面和不可分割的阿拉伯人群体层面出发。新诗是多极的，它是思想、心灵、现实、超现实的聚合体。

革命的诗歌是反抗的，是悖动不安的，是全面的摒弃，以此撼动禁锢人们思想的传统根基。

3

自柏拉图至今，政治是要求不同群体间共同遵守的权界，借此将不同群体联合在一个共同的城邦或制度下。

所有政治事件都可以视为这样三种基本形态：保守的、改良的或革命的。

保守的政治主张保留一脉相承的主流的共同的权界。改良的政治试图矫正这一权界，并改造它。而革命的政治则主张彻底变革这一共同权界。

同理，保守的诗歌创作就是重复、维护共同的权界价值观，改良的诗歌创作旨在批评这一权界，对其进行矫正，这两种创作都不同程度地反映了主流的社会体制，常常表现为两种态度，要么钳制，要么尊古。而革命的诗歌创作就是要彻底颠覆这一权界，破坏主流的文化体系，包括破坏主流的写作和表达方式，即破坏主流语义本身。

这种破坏是一张由另类节奏、另类语义构成的象征性的、开放性的网，接受一切改变。网内的一切创新都是消极的，因为它创作于被破坏的时间里，一个旧结构被消解、废除的时间里。这里的消极不是指作家本人，而是针对诸多关系间的博弈：正在结束的关系和开始建构的关系间彼此产生的矛盾和张力。

4

政治不是政治事件，而是全面建构社会的实践，是全面改变社会的实践。从这一点出发，我们如何来界定诗歌和政治的关系呢？也就是说，诗人作为一个语言的生存者、工作者，他的政治作用是什么？

对于大部分阿拉伯社会的诗人及批评家而言，答案就是要求诗人参与到事件中，甚至是日常事件中，将这些事件看作是灵感的源泉，以与自己相称的阶级观、意识形态来讲解事件、描述事件，以便教育大众、引导大众。

如果从这种关于诗人和政治关系的理解出发，那么总体来看，阿拉伯语只不过是用以讲解和描述的工具；如果语言只是被当作工具来使用的话，那么只能导致诗人粉饰现实，陷入肤浅和庸俗的境地。换言之，以诗性来观察问题的方法无论从视角上，还是方法上，抑或语言上，都有其独特性，因为它反对意识形态化的宣传，反对布道，反对训诫，反对说教。

如果诗人只是参与到事件中，成为事件的讲解员，那么这类作品只是重复生产，只是一遍遍重复，只是在意识形态制约下重新生产事件，是为了“事业”和“大众”应尽的责任和义务。

然而诗歌不能重新生产已经发生了的事件，无论是自然事件还是历史事件，或其他事件。一方面，我们不可能将目睹的事件原原本本地说出来、写出来；另一方面，所谓的真实性，即真实地传递、描述、再现事件，未必都是真实的，甚至有可能与事件本身背道而驰，而首先跟诗歌精神相矛盾。

如果诗歌只是重复生产既定的事件，那么这样做与其他文类话语有什么区别呢？其他文类话语可以更好地扮演这个角色，也就是说不需要诗歌来重复事件本身；而诗歌扮演的是无可替代的角色，做的是其他话语表达方式不可能做到的事情。

5

诗歌首要的基本问题，不是“我”写什么，为谁而写，而是“我”怎么写。前两个问题的答案无法反映诗歌写作的本质特征。

首先，“我”为什么要写，它要求诗人超越事件本身，把事件作为可以抽离出来的一个独立的问题来思考，把它看作是持续性运动中的一部分，诗人可能受其影响，甚至可能要利用事件本身，但一定要超越其表象，看到事件背后的本质：生命的火焰。在这束时间和非时间的火焰里，诗人看到了关于人类及其奋斗的最壮丽的图景，这意味着诗人超越了事件的时间性和表象性，诗人不会因此而忽略现实和事件本身，否则他会退却，逃遁于往昔，玩弄其过去的余烬和历史的荣耀。

因此，诗歌不是事件本身，而是隐藏在事件内里和能够照亮事件本质的火焰中，诗歌不会消失于事件，而是拥抱它、超越它。

6

从这个角度看，革命的诗歌可以概括为：从本质上反对教化和宣传，它不是意识形态化和政治化的工具，它本身就是一种意识和社会政治实践，它就是行动本身，而不是对行动的感召。

由此，写作诗歌的目的不是对某个群体或大众说教，也就是说，诗人不是教导员，相反，诗人本身是学习者，诗人要以写作的特质与大众一道参与到改变现实的全面的实践中。

7

当下，我们在理解和判断时常常混淆什么是艺术的，什么是非艺术的。比如说，每个披着诗歌外衣的文本，尤其是合辙押韵的，我们都称其为诗，这就好比是一个穿上外衣的衣架就可以称它为人一样。今天，大部分我们称其为诗的东西只不过是徒有诗表的文本，不是真正意义上的诗。

接下来，从艺术层面来界定诗人在社会实践中的作用，这需要我们透彻了解诗歌写作有别于其他写作的特质。作为艺术家、诗人，与历史学家、经济学家、人类学家等学者的作用是不同的。

8

窗打开了。

窗是张开双臂等待的女人。

这两句的主题都是同一个——“窗子”，但人们对第一个句子的认知和对第二句的认知截然不同，尽管两个句子都在表达同一个意思，却揭示出不同的感知方式，即理解方式。

第一个句子的表达方式是对现实的直接描述，其作用是实用性、报道性，告知一条信息，向所有看到此事物的人提供一条最精确、最可信的信息——窗开着。

而第二个句子则是另一种表达方式，它转化或改变了现实，重构了现实。它不是直接告诉我们现实如何，而是提供一种可能性，即传递事物指向或内含的可能性。

第一种方式给我们一种现成的、静态的认知，而第二种则促使我们去揭示未知的可能，是个动态的认知过程。

那么语言在这两个句子中起了怎样不同的作用呢?

第一个句子中，语言起到传递、展现、描述的作用，给我们提供一个确定的样貌、一种确定的思想。而在第二个句子里，语言的功能是启示性的、揭示性的，它将现实中的诸多不同元素以非逻辑、非理性的方式联系在一起，用逻辑和理性来思考的人是无法接受的。因为第二句超越了逻辑和理性的界限，消解了现实和梦境、显性和隐性、存在与可能、事物和愿景之间的冲突。

因此，我们说第一种是普通的散文表达方式，而第二种是艺术的诗性表达方式。

9

这是句子和写作方式方面的简单例子，但却能让我们有效地回答读者在诗歌批评上提出的一个基本问题：这个文本属不属于艺术范畴? 问题的提出是为了让我们避免混淆艺术和非艺术文本，走出主观臆断的误区，改变以貌取人的态度。

10

我们把创新性艺术写作的特征归纳如下。

第一，艺术性写作不描述事实，而注重重构事实，以新的意象和另一种可能，展示给我们事件的转化过程。

第二，艺术性写作将事件及其相关方面提升到象征的高度，句子除了其表层意义以外，还具有更深远、更全面的意蕴，其解域无穷无尽。换言之，艺术性写作将一个意义转化为多层内涵，即说一而及万。

第三，艺术性写作的语言所指明的事物因读者的视角不同而不同，视角的多元导致对同一事物的理解和看法不同。因此，艺术性话语可以用根本不同的方式说明同一件事物，方式无穷无尽。

第四，艺术性写作可以创新、丰富语言，赋予语言以多重含义；而非艺术性写作导致语言越用越贫乏，机械重复，牵强附会，使语言停留在直截了当的表意层面。艺术性写作的语言不断孕育，不断生成。

11

阿拉伯读者和批评家们希望以进步和革命之名创作的诗歌是现实的，但他们又常常因为诗人们致力于改变现实而感到自豪。

但这是一个奇怪的现象，它不仅揭示了读者和批评家们内部的矛盾，而且证实了他们在诗歌方面一无所知：什么是现实的含义？什么是诗歌与现实的本质关系？什么是诗歌或者广义上的艺术的独特作用？

12

关于革命，从艺术美学层面谈论现实主义，就必须首先从马克思的论述出发。当今，关于这一点有两种基本倾向：第一种美学倾向受到斯大林的影响，又吸取了朱达诺夫的观点，最终卢卡奇完善了这一理论体系；另一种美学倾向受到布莱希特戏剧及其观点的启发，最终阿尔内斯特·费舍尔完善了这一理论体系。

这两种美学倾向在以下有关方面各执一词：（1）自然或现实；（2）艺术功能；（3）艺术批评；（4）艺术价值和标准；（5）艺术家和大众之间的关系；（6）如何界定现实主义以及人类本身等相关理论。

第一种倾向认为，艺术是一种认知，它像一切知识一样，是对客观直接而现实的反映。

第二种倾向认为，艺术是一种实践，它像所有实践一样，是创造性的、开拓性的劳动。

前者将艺术定义为对大自然和现实的模仿，忽视了人的能动性，或把人的能动性放在了次要的位置。也就是说，忽视了创新者的主动性和实践力。如果按照第一种倾向，艺术家的根本作用就是教导民众。

后者将艺术定义为一种行动，一种致变的行动力，认为能动和创造性的实践应占据首位，艺术家的作用不是教导，而是探求，是不断地超越。

前者认为，艺术是使人类自然化的过程（把人类看作是自然的一部分），而后者则相反，认为艺术是使自然人性化的过程（把自然看作是人类的一部分），具有创造的特性。

我个人比较倾向于第二种，我试图从阿拉伯的经济、社会、文化、政治现实出发来阐释其特有的艺术美学和理论。从这一审美倾向来看，人才是关注的焦点，而不是物；如果把物本体，不管是物质的也好，精神的也好，放在优先地位，势必会消解人的能动性，即消解人之所以为人的价值。重物思维必然导致把人当成了工具，人的话语（诗歌，或广义上的艺术）变成了物本体的宣传喉舌，这意味着把不属于他人的价值和品位通过宣传强加于他人，由此自上而下地制造出现成的未来。

这是阿拉伯社会主流文化的做法，它通过一脉相承的语言和表达方式，利用传统来“教化”民众，它幻想用这种语言和表达方式来填充关于革命和进步的“思想”，以为仅用这种办法就能改造民众。于是，只有那些走这条文艺路线的书籍、报刊杂志、电影、戏剧，才能受到欢迎和鼓励。这就是阿拉伯主流文化虽然面对新条件、新局面、新视野，却只能不断重复陈词滥调的原因；也正是这个原因，阿拉伯主流文化与社会内部鲜活的力量格格不入。

13

“我不想知道我之前是否存在人类”，笛卡尔如是说。一个真正的现实主义诗人也应该说：“我不想知道我之前是否存在诗歌。”诗歌是起点，是始于当下、面向未来的起点。

让我们就描写一朵花吧，讲述一个穷人吧，书写一项工作吧，表达一种压迫吧。即便能描写千万朵花，讲述千万个穷人，书写千万项工作，表达千万种压迫，也未必能穷尽事物极限。现实不是已发生或正在发生的事情，现实是永远没有尽头的。

然而，现实和诗歌并非各置两端；现实和诗歌是时而对峙、时而交融的两个维度。有一种对现实的诗性表达方式，它通过对现实的再现，将二者统一起来。诗人以怎样无尽的自由方式来描写现实，现实就能以怎样的方式展现出无限的自由，诗歌与现实的关系也就在不断重组，没有尽头。现实离诗人最近，诗人也离现实最近。现实运动不拘，只遵从自由的法则，因此，现实不是量的积累，而是质的改变；现实不是事物的简单堆积和叠加，而是不断地开始，不断地生成。

14

翻拍现实的诗歌不是现实主义诗歌，同样，对动态中的现实浅尝辄止的诗歌也不是现实主义的。作为不断开始的诗歌运动，它是不断迸发、朝着更深远的未来发展的过程；现实也是如此，就其本质而言，它处在不断变化中，也在不断迸发、不断发展中。诗歌在这种不断变化、不断走向深远的运动中，总是走在现实的前面，与对未来的渴望有机联结在一起。那些要求诗人以直接的、现成的方式理解现实并以此方式来作诗的人，那不是在作诗，而是在制造话语工具，固化诗歌形态。他们实际上是想要僵化现实，想进入现实的隧道，而不是展望未来。

15

要想写出真正的现实主义诗歌，就要把现实看作一个运动过程，一个朝向未来的过程。虽然革命不能实现其终极目标（人正在脱离人性而变得物质化），但取得的部分成果会推动人类将革命进行下去。换言之，业已取得的成果虽然将人与其未竟之事暂时分离，却也促使人类怀着永远的向往，并付诸行动。诗歌亦如此，所以，长诗永远没有尽头，它是整体的一部分，要求诗人不断写下去，其内涵日益宏大、深远、丰赡。这便是诗人不断探寻的第一步：探寻各种方式来阐明世上仍然蒙眬之物，完善世上仍然残缺之事。只要人类整体存在，整个世界就存在，个体的“我”也就会永存。

不妨说，诗歌是绝望中的希望，也是希望中的绝望；现实生活带来希望的同时，也带来了失望。失望是一道坎，每道坎都是一次死亡，要求诗人向死而生。我们写现实主义诗歌，就是在书写死亡中的生命和生命中的死亡。

16

既然现实处在不断运动中，那么未来也如此，从这个角度看，现实和未来是一体两面。现实主义诗歌在不断面对阻碍的现实中产生。因此，所有现实主义诗歌在起初都是摧毁这些障碍的地雷，在反诗歌中建构诗歌：一方面要抵抗外在各种形式的传统术语的钳制，另一方面要抵抗内心各种形式的压迫。诗歌在重重围困中就是一枚枚地雷。由此，只有理解和表达现实中死之意义的诗歌，才能算得上现实主义诗歌，它才能理解和表达现实中的生之意义。现实不仅体现在诗人按自己的意愿以诗引领前进的方向，也体现在诗歌本身指向的疆域，这里我要特别指出，正是由于读者的解读，才使诗歌不断自我生成。

17

诗歌是现实不可分割的一部分，但它并非靠现实活着，它要靠诗人通过现实构成的意象而生机勃勃，在诗人笔下，现实绽放出新的意境。诗人用自己的感知和见解熔化现实，将现实转换成一种语言表述的节奏，通过物与物之间的联系，在节奏中还原一切事物独特的品质。

诗人看到的现实不是表象的，而是内在的，他从纷杂混乱的现实中提取的内在现实，是澄明透亮的、节奏明快的。换言之，诗人透过现实的表象，放飞梦幻与想象，以便建构另一个更为丰富、更加人性化的现实。因此，诗人不会、也不可能脱离现实，只不过反对用直接表达的形式来反映现实而已。

对现实的某一状态或某一时刻做直接的表述，这一做法只是孤立地看问题，从艺术的角度看，这样的表达会与现实格格不入。比如说，对正在发生的革命运动进行直接表述，这只能展示突如其来的状况，而诗人为了更有效地表述革命，就必须在稳定与变化之间建构诗性，既要把革命看作是当下生活的变革运动，同时还要把革命看作是整体历史运动的一部分。

18

每一个创新诗人都怀着敢为人先、敢于超越的梦想。因此，他常常感到自己还没能说出心之所往。因此，与其说他来自过去或当下，毋宁说他是从未来出发的。从这一点看，诗歌和现实的关系不言自明。但是，我要问，读者啊，有谁知道，太阳真实的颜色是什么？黄昏呢？黎明呢？这幅画呢？云彩真实的形状是什么？树呢？江河呢？

关于某种具体事物，我们可以轻易说出它的某一属性，比如说，这朵花是玫瑰色的。然而，我们却无法轻易说出它的真实性，因为我们不了解它的本质，我们只知道它的外在表现。再比如，看到一种类似麻雀的事物，我们只能说它类似麻雀，但绝不是真麻雀，它甚至可能还不如一个玩具麻雀。因此，我们可以用否定句，用一个真实的词语来否定某种性质，从而肯定了它不具备这一属性。同样，我们用肯定句说这是一只真麻雀，就是要否定这只麻雀的非真实的一切形式，比如，否定它是玩具麻雀、麻雀图片、视觉上像麻雀的麻雀等。所以，被称之为真实的事物，其共同的属性是不存在的。“真实的”这一具有修饰功能的词汇，不在于正面否定某种事物的性质，而在于排除使某种事物成为非真实的各种可能性。因此，区分“真实”和“不真实”的公认标准是不存在的。

标准在变，具体问题要具体分析；现实在不断变化中，其外在的形式也在变，因此，“真实”一词的含义是相对的，不存在一成不变的“真实”。

因此，诗人与现实之间是通过构成现实的意象联系起来的，诗人眼中的现实不是单纯的物质材料，也不是固化的块垒。有人说，即便是“非真实”的诗歌素材，也来源于现实。此言不虚。

因此，可以说诗人是现实的催化剂，将现实熔化在感知和见解的大熔炉里，熔化成词语的节奏，使物与物发生有机联系，赋予事物独特的品质，让诗歌的“现实”比原有的现实更加绚烂、更加有序、更加深刻、更加永久。诗歌不是对现实的机械模仿，而是与现实同质的。

人们通常用功利的眼光看现实，在他们眼里现实要么有益，要么有害，他们被功利左右，以至对现实的态度要么是消极的，要么是积极的。对诗人而言，现实没有利弊之别，只有美丑之分，现实要么照亮诗人的感受，要么熄灭他的理想。所以，诗人是以艺术的眼光来看待现实，而非功利的眼光。

有许多事物常人看来庸常无趣，诗人却看出了其中的奇异和丰赡，他在现实和周遭事物里看到了内在的意蕴，他不满足于事物的外在表现，他从感知的维度而不是利益的维度看待事物。他创造了意义、事物的走向、彼此的关联和律动，并将它们编织进彼此和谐或矛盾的织布中，将它化成诗歌的形式，赋以词语的节奏，将作品作为揭示自我的起点，开启征程，使现实和周遭事物摆脱黑暗不明、支离破碎、混乱无序的局面，让梦想映照进现实。而新的现实经由富有节奏和意义透明的诗歌语言，经由不断澄明的核心得以重生。

因此，对现实的某一状态或某一时刻做直接的表述，是一种远离现实的写作。如果要表述一场正在发生的革命运动，就要提供永恒运动、永恒变化的依据，即从人类历史的角度，深入时间和空间两个维度去寻找。要想把一首表述革命的诗篇写好，那就必须把稳定与变化有机结合起来，把作为人类内心深处原始冲动的革命以及作为历史发展事件的革命有机连贯起来。

否则，现实主义诗歌就成了一场关于现实的讲座，诗人就成了讲解员。

19

当下是一幅幔帐，又似一面镜子，直接而强有力地折射出林林总总的人物关系，有协同的，有相悖的，尤其折射出人与人之间、集团与集团之间相互竞争、彼此交恶、充满敌意的一面。话语是他们立场的折射，或褒奖，或诋毁。此时，双方对事物的看法容易失去精确性和诚恳度，除非在特殊情况下。

有民谚曰：真的假不了，假的真不了。这句话用以揭示当下产生的误判误断很恰当，说明有些事情只有经过岁月的沉淀方能澄清事实、正本清源，把正义还给冤屈者。

因此，我们只有和事物保持一段距离后，方能认清它的真正价值。我们往往会接受曾经有人反对的事物，曾经有人断然拒绝的事物也在后来不言自明，被大家接受。

《诗歌》杂志就是一个突出的例子。办刊初期就被人唾弃，以致于刊物和办刊人在艺术上和政治上不断受到各种指摘和诋毁，直至最终停刊。等到有足够的空间能正确、诚恳地看待它时，当时拒绝它的那些人终于承认了它存在的意义。它成了大家关注的焦点，成了现代诗歌语言的矿藏和重要的参考文献，也成了阿拉伯新诗创作和理论的起点。

在此，我并不想旧事重提，为那些罪名辩驳，我只是想说，时间本身便能揭示这些罪名的无聊，而它们自己也会不攻自破；同时，也揭示出某种思维模式不仅损害了《诗歌》杂志，而且损害了整个阿拉伯文化运动，尤其是诗歌运动，而这种思维的遗毒还在不断影响大部分阿拉伯文化报刊。

这种损害是如何表现在诗歌领域的呢？简而言之，表现在用狭隘的政治眼光看待诗歌创作，更糟糕的是，这种眼光为那些对诗歌观念和技艺等本质特征一窍不通的人提供了机会，使他们以他们的狭隘的政治认同或他们在政治活动中的地位来看待、处理诗歌事务，致使诗歌远离与其他话语不同的本质特征；他们谈及有关诗歌的话语时滔滔不绝，唯独不谈诗歌本身。

奇怪的是，这些曾经被描述为“进步的”“革命的”的言论者，在诗歌及其作用的看法上，居然与复古的保守派同流合污，使我们至今仍然遭受因袭潮流之苦：其思想的基本点就是诗歌工具论，而非诗歌本体论。同样，他们也否认翻译是一种创新性实践。这种言论强调政治教育功效的优先权，保护遗产和国粹的重要性。大部分“革命的”“进步的”“诗歌”，尤其是 20 世纪 50 年代的诗歌成果，对阿拉伯大众而言，其政治功效其实就是复古的代名词，甚至是复古和因袭的最极端形式。

然而，更奇怪的是，所谓沉思，其背后的实质就是以“政治的”取代“宗教的”，在方法论、批评实践和评判方面，也是古代方法论的转世。曾经对我们言论的政治责难其实就是宗教责难的一种形式，至今亦如此。

我们很多人都认为我们的历史倒退了：这样的观点就能入天堂，而那样的观点只能下地狱。

可以说，自公元 8 世纪以来的阿拉伯现代性成果已付诸东流。我们的现代性比欧洲的要早大约 1000 年，我们曾经在这方面的分析和探讨也毫无用处：从那时起，我们就看到在阿拉伯诗人意识中，人与世界的关系发生了根本的变化。对诗人而言，存在不再仅仅是写入诗歌的文本——诗歌文本曾是所有的知识之源、真理所在、标准圭臬；先人们意识到存在是不断探索和发现，是人类永远写不完的大书；同样，我们曾提及的发生在创新领域的诸多大爆炸也前功尽弃，它们曾对习俗、伦理、政治、思维、传统进行了革命，高举起梦想和自由的大旗，主张在写作上不墨守成规。

是的，我们历史上的这些关于现代性的开拓，全成了徒劳，没有一个人肯倾听我们，回应我们的总是说我们偏离了方向，说我们反阿拉伯民族主义，与阿拉伯人为敌，是崇洋媚外。

20

有人问我：原则上，你怎么看待用意识形态来评估诗歌文本?

我的回答是：在诗歌文本评估上，首要原则是对诗歌本质的认知，了解诗歌创作的特殊性、诗歌语言的本质、语言本身的历史性，只有凭借这样的认知再加上揭示、论证诗歌特征的方法，才能对诗歌文本进行较客观的评估。因此，用意识形态来看待诗歌文本，会消弭诗歌本身，掩盖诗歌的真谛。诗歌文本特征决定对诗歌的评估，而不是反过来，用评估来规约诗歌文本特征。

我个人认为，很难做到既站在意识形态的立场又站在真正批评的立场来评估诗歌，其根本原因就是：一方面，真正的批评立场必然拒绝固化的模式，即作为预设模式的意识形态；另一方面，真正的批评首先就是对固化的、现成的模式进行的批判性审视。

阿拉伯文化界书写意识形态批评的生动例子很多，通过这些例子，我们知道阿拉伯社会的意识形态在进行诗歌批评时常常从公理出发，而不是从诗歌本质出发，这些公理对于诗歌是一种功利性的思维模式。它认为，诗人语言的目的是为了“报道”，而不是“表达”，诗人是传导和联系的工具，那么诗歌文本就应该以说服大众，让他们知晓、受益为目的，诗人所说的一切都应该清晰明了、意义鲜明，并且有说服力。如此一来，这些公理便忽略了想象的世界，将其边缘化，而这恰恰是诗歌的精髓。

因此，意识形态立场便强调由主流文化要素构成的、达成共识的所谓的普遍的价值，或者说诗歌的价值取决于作为共识的意识形态立场的影响力和说服力。诗歌的作用就是模仿和提醒，向这一意识形态的信徒们讲明他们已知的类似的事物和思想，尽是老生常谈，使已知事物更加明确了然。而事实上，对他们而言，这些说教毫无新意。

如此一来，在诗歌上，意识形态立场便是全盘接受论，而不是创新论，因为创新必然引起语言能指和所指之间、主体和客体之间、话语和行为之间、个人和集体之间、欲望和权力之间的种种问题，矛盾重重。于是，遇到这些问题和矛盾时，持意识形态立场的人就只能束手无策，视而不见了，他们用这样或那样的理由和方式，顾左右而言他，唯独不敢直面现实。

由此，也许可以解释"词语"与"词义"、"形式"与"内容"的双重性。对持意识形态立场的人而言，词义早已预先设定，一次性给出了，直至永远，它是永远正确的……对他们而言，重要的是，诗人如何能为他们制造"他的词义"，并传播给受众。诗人越是有能力创造自己的而非"他的词义"，意识形态就越是否定他、放逐他。持意识形态立场的人要的诗人是没有主体性的，他的主体性早已死掉，他应该关闭自己独特的、私密的世界。而每个真正的诗人，其内心世界都是充满矛盾的、神奇的、非理性的。换言之，持意识形态立场的人希望诗人的"个体"融入"集体"的"我们"，诗歌是一项为某个事业服务的功能性活动，必须具有教育、赞美或诋毁功能：赞美正确的思想——自己一方的思想，诋毁错误的思想——异己一方的思想。

这大概能够说明持意识形态立场的人对诗歌的划分：符合己意、与自己观点一致的，就是诗歌，是好诗，是美诗；不合己意、不与自己观点保持一致的，就是坏诗，是丑诗。这一做法只不过是古代对“词义”立场的翻版，它产生于某种对宗教理解的语境，贾希兹对此有过最清楚不过的表达，他把“词义”分成两类：“高尚的和卑劣的。必须与第二类做斗争，因为卑劣、堕落、腐朽的词义会在人的心里筑巢、孵蛋，使腐败在血管里膨胀，导致无知，最终病入膏肓，无药可救。”“腐败最容易找上人类，与人的本性黏合得最紧。”①

这是宗教政治话语，而不是诗歌话语，没有触及诗歌本质。这些话语的种子在各种监察、镇压、钳制、专断的话语中比比皆是，最终导致诗歌的消亡和人性的泯灭。所以，诗歌是解放的力量，不可能成为腐朽或导致腐朽的力量。那些被认为是“错误的”“腐朽的”语义无论怎样，一旦宿命般地被诗人使用，它们就成了“高尚的”。

21

“巴格拉尼②在他的著作《古兰经雄辩》中把《古兰经》文本和诗歌文本做了比较，你认为这种比较对吗？有可能吗？”

---

① 贾希兹．修辞达意书（第 1 卷）．开罗：商务印书局，1926：100.

② 艾布·伯克尔·巴格拉尼（Abū Bakar al-Bāqlānī，949—1012 年），阿拉伯中世纪著名的伊斯兰教义学家。

有人这样问我。

我的回答是:《古兰经》文本是启示性话语，也就是说，不是一般人的话语，它自成一派。从本质上看，它不是诗歌也不是散文，是启示性话语，超越时间；它没有具体的作者、编者，没有历史，它是预言；它的语义是稳定的、永恒的，它的词语也是如此，二者不能分离。词义（灵魂）和词语（字母或肌体）的分离来自具象派的理念。

如此说来，用诗歌的标准来衡量《古兰经》文本，这种比较是不可取的，因为二者有本质上的不同。

事实上,《古兰经》研究领域的这种比较虽然构建了诗歌的理念，但却剥离了诗歌自身的属性，从而导致将问题转向伊斯兰教对诗歌的态度。我认为这样做，会在理解和解读上产生混淆和歧义。

《古兰经》文本是预言，而预言是实践的意志，是话语和实践的统一，因此，其目的具有政治性；而诗歌是想象，是渴望，是畅想，通过间接和曲折的方式反映政治。从这个层面看，预言和诗歌是不一样的。

再者,《古兰经》修辞在某些方面表现为：以无可替代的方式震撼头脑和心灵，因此，当年先知否定诗歌，是为了确证先知话语的真谛，这并不意味着彻底否定诗歌本身。这跟诗人没有关系，先知的话语并不是诗歌。

也就是说，当时，只有先知的话语才有权力道出真理和真实，诗歌没有被赋予这种权力。由于担心在理解和解读上产生歧义，诗歌被赋予了其他功能：只对《古兰经》文本中的真理给予颂扬，为传教服务。这样，诗歌被赋予非诗歌的属性，由此，我们明白了艾斯马仪[①]话语的深意，他一针见血地指出："诗歌很不幸，邪之为美，正之为谬。"

也许正是这一来自早期意识形态本质上的混淆，产生了当代意识形态在诗歌立场和总体艺术立场上的萌芽。

22

"你为什么要写现实？"

常常有人这样问我，看得出问者只关心"现实主义诗歌"。在这位问者看来，只有谈现实的诗歌才是现实主义诗歌，这就是他的理解，对他而言，现实就是一切，只有这样，他坚信的"思想"才和他生活的"现实"相一致。因而，在这种一致性前提下，那些他看到的不涉及现实的写作，确切地说，不用他熟悉的方式来处理当下事件的写作，都被他称为"非现实主义写作"，因为它远离现实。

---

① 艾布·赛义德·艾斯马仪（Abū Sa'īd al-Asma'īy，740—831 年），阿拉伯古代著名传诵家、语言学家，在诗歌研究方面造诣深厚。

曾经还有人这样问我：你为什么不写阿尔及利亚革命，或纳赛尔革命，或苏伊士运河国有化运动……我感到他不太关注写作本身，而只是强调其对现实的“父权意识”，这种意识是他的出发点和标准。

如今，我听到许多类似的问题，但锋芒已经减弱，比如说关于写作，关于黎巴嫩事件，尤其是关于爱国抵抗方面的。现在仍然存在着一如既往的“让诗歌话语成为现实的讲解词”这样的诉求，这种话语不是从现实出发，只是从事件的表象出发。

然而，事件是现实的“话语”，话语是语言的“事件”，因此，事件和话语之间，或现实和语言之间不可能保持一致，诗人试图成为现实的讲解员，这不仅不能说明问题，揭示现实，反而使现实更加被掩盖。实践是让现实“说话”的领域：它在不断变化、不断发展中；而想象则是让语言事件“发生”的领域：它建构意象，建立联系，打开幻想的天地。实践是必需的王国，因此它是有限的；而语言向想象开放，因此它没有疆界。

诗歌话语应该是现实的讲解员，这样的说法意味着我们应该不断重复我们对现实想象的结果，而这种做法只能提供我们对现实既有的认知，只能离现实更远，对现实更无知。

况且，事件（不管是美与丑），它本身就比话语（描述、赞美或诋毁）更美（或更丑），诗人用话语编织的玫瑰不可能与大自然的玫瑰媲美，现实“话语”（事件、现象、事物）的逻辑与语言话语的逻辑有着本质上的不同。

自然之物、实践以及人类事件同出一理，即它们同是发生的现实，而诗人不可能用话语编织出已然发生的事情，比如说，用话语编织出堪与革命烈士躯体相媲美的躯体。诗人的作用不在于如何赞美（诋毁）或描述事件，而在于揭示事件的内涵和意义，是“意义的意义”。

比如，诗人在看待爱国斗争时，把它看作永恒的动力、变革的力量，看作引爆现实和超越现实的力量，是把当下和未来联结起来的纽带。这一场斗争的表面事件也许可以停止，但是斗争指引的方向和期许会一直持续下去，爱国抵抗运动的重要性超越其局限性。从这个角度而言，诗人的作用就是以他的质疑和沉思来揭示积蓄在人类永恒创新力内部的潜在意义。

无论是你、我还是他，没有人能够掌握对现实的全部认知，也不能谎称现实和自己的认知完全吻合：我们只知道现实的某些方面，而这些部分通常仅是我们每个人的自我（行为、遗传）认知，有些部分仅仅是习惯使然，具有片面性。而现实是每个人意识中的想象物，所谓现实并非现实本身。因此，那些不属于“我”的事物和不是本真的事物，它们只是“我”个人意识和思想的领地，“我”闯入这个领地，让它臣服于“我”的想象。

首先，我们称之为“真实的”和“现实的”，二者之间并不吻合。我们每个人坚信的“真实”只不过是现实的局部画面，而现实是由无穷画面构成的。因此，作为现实的人、真正相信现实的人，应该坚信存在着反映不同画面的不同真实，在同一现实中，存在着多元的真实。

这些真实也不是绝对的、终极的，因此，作为一个现实主义者，要坚信现实的永恒运动性，现实的真实也应该是永恒运动的。

也就是说，现实包含了多重真实，当我们只看到其一面时，往往会用武力或强权把这个真实强加给全体大众，这不仅丑化了现实和真实，而且丑化了人类自己。

实际上，真理（真实）并非事先就预设好的，恰恰相反，真理是一场不断探寻的竞赛，一场求真的比拼，是从现实运动中获得滋养并使其更加丰富而为之付出的不懈努力。

这就是民主的精髓、进步的精髓。

若非如此，现实就变成了一个各种势力盲目斗争的角力场，真理也沦为争权夺利的借口，而权力必然酿成恐怖活动。

从这个角度看，诗歌其特征就是反对权威，是一切反权威真理、权威知识的象征，诗歌最深刻的阐释就是，真理和知识与任何形式的权威，尤其是政治形式的权威格格不入。

因此，我们一定要像重视建构新写作一样来重视建构新解读。长期以来的旧式解读将诗歌文本，尤其是现实主义诗歌文本，放在解读者自己的想象里过筛，若看到文本中与自己的想象相一致的，重复他们臆想的产品，便爱之褒之，描述为“现实主义作品”；如果没有看到这一点，就否认作品的现实性，甚至可能还要说这不是诗歌。站在这个立场上的人，不喜欢诗歌本身，也不是为了诗歌，他们只喜欢有人重复“他们的想象”，而这一“被重复的想象”恰恰是掩盖现实的幔帐。此时，诗歌话语被囿限在巩固现行权威的窠臼里，进一步加深了普遍的愚昧和无知，诗歌对这种解读者而言仅是一项“有用的工作”。

当我们明白了这一点时，就真正领悟到了新诗、新解读的重要性。在解读诗歌时，新诗文本可以给予我们质疑和畅想的天地，给我们“知识”，而不是“有用的工作”，因为它没有功利性，它是欢欣，是陶醉，使我们对人类和现实更加开放，更有能力了解人类和现实；它推动我们产生质疑和畅想的力量，推动我们敢于拒绝一切俘获人心、向现实投降的力量，推动我们形成突破自己的局限，不断激发人性观、现实观的新模式。诗歌告知的一切是我们由质询走向更多质询的起点：为无名的事物命名，但永远行走在通往终点或真理的路上。

23

“你能区分什么是诗歌，什么是意识形态，那能否厘清思想和意识形态政治化的区别？”有人这样问我。

我的回答是，在我看来，阿拉伯社会的问题不是思想政治化或试图让思想服从于意识形态标准，或是全面意识形态化，恰恰相反，问题在于，如果我们真的重视思想家（作家）作为一名公民能有效地参与社会政治生活，就要给予他自由从政的权利。

思想从核心上来讲，就是批判，如果用这样或那样的理由阻止批判，那么我们就压制了思想。

甚至说，思想的本质不仅要对不满意的事物提出批判，还要不断对满意的事物提出质疑。

作家书写人民关切的种种事件，这就要求他必须具有批判精神，指出事物、工作、思想中出现的弊端和阻力，这就需要有宽松的气氛。当你有能力批评是什么原因阻碍了工作的顺利进行，或者更好地完成，或者指出用何种方式才能完成工作时，你才能写出好作品，才能梦想成真。换言之，只有有能力看到工作和生活中不好的一面并提出批评，你才能揭示美好的一面。

“是不是正因如此，阿拉伯社会中最轻微的反对声也被认为是反政权的？”有人这样问。

也许吧，这一现象可以归结为思想的意识形态化，或者是作为政权的政治与作为意识形态的宗教（或作为宗教的意识形态）紧密相连，甚至到了合二为一的程度，导致政治、文化、宗教三位一体。

也许这一点也可以部分地解释为什么今天阿拉伯思想自说

自话、说东道西。

同样可以解释，禁忌和压制仍然构成了文化领域压迫我们的最大力量，使我们不敢越雷池一步。阿拉伯思想领域的探索和分析仍然十分有限，不仅受宗教方面禁区的束缚，而且还受到政治和思想方面的钳制。

假若我们把今天的阿拉伯研究与过去相比，尤其是与伊历3至4世纪[①]相比较，会发现今天的研究非但没有拓展和解放，反而更加封闭和狭隘；非但没有丰富，反而更加贫乏；非但没有加强探索和发现的意识，反而更加缩手缩脚和保守落后。

而公理和权威在不断增加。

“那你如何看待诗歌的作用？”有人问我。

宗教、思想方面意识形态化的霸凌创造了一个确信、不容质疑的文本，这个文本只能读，因为它是权威，是命令，是禁令。它与诗歌精神背道而驰，与想象力截然相反。

所以，我再三重申，创造性写作就是要解构主流价值观，超越它，诗歌更是要以此为己任，反对一切权威，反对一切参照，只求创新力和想象力。

“从这个角度看，你如何区别诗人和持意识形态立场的人在看待事物上的不同？”有人问我。

---

① 即公元9至10世纪。

持意识形态立场的人“利用”事物，而诗人是要“创造”事物，也就是说，要改变事物，把它放在与别的事物建立的新的关系中来看，创造关于该事物的不同图景。

24

“你的文章中常常援引艾布·泰马姆和艾布·努瓦斯的诗观，我们跟你一样，认同泰马姆是个伟大的诗人，而对于艾布·努瓦斯，你怎么看？尤其在今天的政治文化语境中，他的诗歌与当下时代有什么关联？简而言之，今天读艾布·努瓦斯的诗歌意义何在？”

艾布·努瓦斯的诗歌对我而言，亦幻亦真。它渴望意识形态体系放下武装，放下功利，同时，诗歌本身也放下一切敌对的武器；它倡导自由，每一个人的自由，每个人去拥抱自由，和自由一道遨游，丰富自由的内涵，并为了自由而不断丰富自我。

今天，艾布·努瓦斯的诗歌仍是一场进攻，一场真诚的、充满希望的、美好的进攻，一场宣告生命开始的进攻：接纳渴望，藐视成规，选择姿态，提出构想。它是一场探究世界本体、物质本体，以摄人心魄的诗性俘获他者的进攻。这种诗性最深刻的内涵就是摧毁政治的幻想，这一诗性似乎能让人的内心深处自然而然地激情澎湃，暴力自觉逃遁，不再滥施淫威。

当读到艾布·努瓦斯的诗歌时，我不会感时伤怀，不会追忆回溯，而是充满希望，充满梦想，充满青春活力。这才是诗歌政治的核心：人是一种充满渴望和梦想的能量，而不仅仅是政治或社会的产物。艾布·努瓦斯的诗歌不是说教，它撕裂现实的幔帐，穿越黑暗，带来光明。

“你的读者得出这样的结论：你不赞同或不喜欢用现实主义理论来批评诗歌。这个结论对吗？为什么？如果对，你怎么看待现实主义？”

这个结论是对的。

这里所说的现实主义，尤其与诗歌批评和阿拉伯诗歌批评相关的现实主义，它存在着一些问题，可总结为以下几点。

（1）从艺术和社会层面看，这种现实主义不研究重要现象，它使诗歌文本和现实，或我们称之为的“现实”脱节。要知道，真正的现实主义，它是源自创作本质和现实本质的一种现象。

（2）它不重视研究形式的突发，也不重视研究形式的更新带来的词义的更新和词义的特殊性。

（3）它不重视被禁的声音及其影响，尤其在心理、宗教方面的压制；也不重视由此产生的分裂感，要知道，阿拉伯社会被禁的声音并不比被说出的少。

（4）它不重视文本相对独立性的研究——诗歌文本相对独

立于社会结构及其变化。

（5）它把诗歌文本看作一项业已结束的活动，而不是一项面向未来的工程，向未来的读者开放，是对他们的感召。要知道，未来的读者与今天的不尽相同，他们会通过自己的解读不断修正这一诗歌文本。因此，前者忽视了文本自身的运动性。

（6）它研究诗歌文本外围的事物，不研究文本内部，而文本内部是话语编织的网络，是语言、美学构成的系统。它把诗歌作为一种反映，而不是作为某种内部发生效应的结果。

（7）最后，它不研究诗歌形式和词义的历史性——观察诗歌形式艺术结构的变化，而从某种意义上看，这种变化正是政治、经济、社会、文化现实变化的结果，从这点看，形式创新的诗歌作品也许更能理解现实，更加"现实主义"。

"你的诗歌里常常出现'水'和'火'两个词，有什么象征意义吗？"

"水"从形式上象征着生命之初，水的形状不拘一格，总处在变化、运动、转换中。水还象征着丰沛和成长，它是构成万物的要素之一，也是苏非主义身体观的象征，是创造和不朽的象征。

水也象征着阴性，由此，与火的象征相遇，因为火焰是阳性的象征；同时，水还象征着爱、灵魂和透明。火既可以燃烧，也可以净化。它可以燃烧一切元素，可以将诸元素重新组合。

水和火自始至终相互交织，水通过净化变得透明——成为水晶，而火可以转化成光。

“在你《复数形式的单数》一书中，有些符号意指不明，如三角形、正方形、箭头等，这些符号有何所指？”

三角形、正方形、无穷大符号、箭头、字母，这些符号都是词语的延伸，或者说是另类词，这类符号有时给出能感知的意义，而有时指向词语难以指明或映射的意义。

这些符号也可以理解为留白或页面空隙，以便在字里行间的排列中发挥符号本身的作用。因此，使用一些符号会带来用一两个词无法带来的声音价值，有时会产生符号特质具有的魔力和象征意义。诗甚至可以利用语言表达中的缝隙、间隔、静默和空白来生发意义。

所有这些都有助于为新的写作结构打下坚实的基础，这一现代概念与传统文本的口头结构相对立，尽管后者总体上仍占据主流地位。

“你的书里有个术语叫‘违背常规’，这有所指吗？”

对这个问题的回答我要依据朱尔杰尼关于这个术语的说法，要依据源自宗教的传统主流观点。

朱尔杰尼认为，“违背常规”不仅仅要体现在进步和超前上，比如，某个诗人超过同时代其他诗人，不仅仅体现在创造陌生化词义或用别人没有用过的借代修辞，也不仅仅体现在创新写作方法和风格上。

“违背常规”按照朱尔杰尼的界定，必须同时做到以下三点。

（1）前所未有的写作方式。

（2）这一独特性应该是纯正的、卓越的，所有人都无法与之相提并论，无法效法它。

（3）最后一点，这一独特性应该惠及所有时代，跨越时空，而不仅局限于产生的那个时代。

后继者们无论怎样，也无论在诗歌领域还是宗教学领域，都不可以冒称自己超越了先贤。因此，后继者和先贤们的代际关系不是比肩，而是模仿和因袭。[①]

“怎么界定‘经验’和‘实验’”？

我不止一次写过关于“经验”和“实验”概念的文章，表达过我的观点，在此，不想再重复，也没有新的要补充。不过，借此，我想特别提一下法拉比在谈及音乐时的观点，他说：“人有意识地一遍又一遍地感知许多事物，对所感事物做出理性的判断，并得到了确信，这就是‘经验’”；他又说：“‘实验’是头脑经过思考，付诸行动而得出理性结果的过程。”[②]

---

① 参见朱尔杰尼著的《沙菲亚书》（al-Risālah al-Shāfiyyah），该书系经注学领域的经典作品，成书于阿拔斯王朝麦蒙时期（813—833 年），为古兰经学和伊斯兰学的研究者们提供了重要的文献依据。

② 法拉比 . 音乐通论 . 埃及：阿拉伯作家印刷和发行出版社，1967：95-96.

25

我同意他关于“艺术为大众”的诉求，但条件是，不要忘记用来“消化”艺术的“机器”是头脑，而不是胃!

26

读一下最伟大的诗篇，你会发现它是建立在“虚空”之上的大厦，这也正是其伟大的奥秘。

这一“虚空”正是我们所说的“现实”。

27

艺术作品宛如一汪清泉，水面和水深相互映衬，静水流深。

28

形式为“死亡”的物质赋予了“生命”。作为结构和形式的艺术它是不死的生命。

29

作诗的时候，你就像词语的分裂一样发散开去，也像词语的粘连一样又融合起来。你的写作生命就是不断在发散和融合间的博弈。

30

你通过思想要跨越的鸿沟并不在“外部”，而在“内里”；但你会感觉到似乎只有自己跨越了外部鸿沟时，才会跨越内心的鸿沟。

31

诗人不仅想看到自己思想的手和脸，更执着地试图看到思想的背部和双脚。

32

诗人凝视这身体隐秘的各个部分：看见这个可见的、物质的、能感触的本体具有的独特的非理性特征。它就像是用想象的双唇吐出的现实语言。

33

在创作实践中，面对要完成的作品，尤其是写作，我们不仅要把它看作是一项艰巨的工作，而且要把它看作是一项未竟的事业。

34

再次重申，诗歌和诗人都是现实中不可分割的一部分。然而，诗歌在遭受现实痛苦时，不仅要反映现实，更致力于创造现实，创造现实的新图景。由此，诗歌的功效在于走向未来，而不是回望过去。换言之，诗歌不能囿限于现在是什么，而在于超越现实，走向将要成为什么，或者走向尚未实现的领域。从这点来看，我们说诗歌不是现实的讲解员，也不描绘现实，而是改变现实，即创造另一种现实。

35

诗人可以从回顾历史和过去中得到启示，但前提是这一启示并不意味着退缩到过去，依赖过去，它应该照亮过去和历史，应该让这一回顾更好地理解发生了什么，来指导正在发生的，指导生活于此的当下，以及渴望的未来。只有这样，当下的事件才能脱离其寻常的历史性、即时性，成为象征。比如说，在《戏剧和镜子》一书中，诗歌与我们过去和当下的外部现实直接发生联系，但是又与之分离，渴望更灿烂、更完美的现实。它创造另一个历史，另一种人类，它是迸发于过去却朝向未来的诗歌，它的首要价值蕴含于未来，而不是退缩到过去。正是对过去的认知赋予了它超越过去、走向未来的精神高度，谁不懂得过去和现在，谁就无法知道未来。

这意味着，朝向未来的诗歌必然是一种拒绝的姿态、改变的姿态，与那种接受现实的诗歌截然不同，后者只是对现实的反映，只是一种文献的汇集或一般性社会现象的叠加。

诗歌创作在现实和可能性之间，在过去和未来之间，僵化、被动的生命和动态、自由的生命之间，形成了一种张力，具有对抗和致变的能量。从这个层面讲，诗歌是一场持续的革命。

36

当下大部分阿拉伯诗歌产品都源自受规训的媒体机制，几乎失去了自我表达的特殊性，继而失去了自我审美能力。

这背后有很多因素，与我们相关的有两个基本因素：历史的和客观的。

从历史上看，在阿拉伯诗歌的读者和相关人士脑海里，诗歌代表着人类的活动，起着反映、解说、教喻、粉饰的作用。基于这个观点，诗歌具有防范、调节功能，在人的自由及禁锢之间达成和解，以便给人造成一种幻觉——即便生活在一个被压制的社会里，还觉得自由自在。

从客观上看，诗歌也受到阿拉伯社会经济发展的作用，受到市场机制、供求关系机制的影响，进而被拖入消费机制的轨道中。由此，我们便能理解为什么主流评价系统在看待诗歌产品时总是依据“清晰”“优雅”“实用”的观点，而消费便捷就是衡量这一观念的指标。

诗歌一旦被拖入消费体系，就意味着它成了商品。在“商业文化”盛行的急速力量的推动下，所有一切都要速产速成，物质王国在不断激增扩展，统领生活和感受，以致于精致、独特的艺术物质被腐化，诗歌消亡了，人类本身也几乎变成了商品。

37

这种全面物质化、商品化的社会现状，只有通过摧毁物质体系和革命才能将其终结。诗歌在这方面的作用就是摧毁这个物质体系以及维护它的主流价值观，它流行于知识分子中，也通行在普通民众间。

阿拉伯历朝历代的社会，尤其是文明时代的社会，都试图赋予诗歌商品化功能，总是力图让诗歌成为消费品，和物质联系在一起，只有否定诗歌的诗歌才是诗歌，继而让诗歌成为经济、社会、政治体系的支柱之一，而这一体系正是物质体系的具象或延伸。

38

摧毁物质体系及其主流意义是让诗歌保存自身表达特性的基本条件，也就是让诗歌如同它原初的那样，成为解放和启明的有效实践。

因此，成为某个“主题”“思想”或“现实”的诗篇不是好诗，好诗应该成为各种可能性的丛林。独特、丰赡，堪称上乘之作的诗篇体现在它的特性上，它是一个能指系统，无法回应一个确定的、有限的所指，它与“意义稳定”做不懈的斗争。诗篇并不代表“主题”，而是揭示一种情绪——想象的迸发和突变，只有通过这一点，才能坚守自我，不陷入消费决定论和消费主义的陷阱。

39

现实并不完美，也绝不可能完美，它与应该成为的样子相比，总有遗憾。正是在这个遗憾中产生了艺术。也就是说，现实本身就迫使人们寻找另一种表达形式，它有别于由“概念”“主题”“意义”构成的表达形式，这就是意象表达形式。意象表达形式就是创造可能性，进入想象王国，也就是说，诗歌创造另一种现实。

用意象表现的诗歌，它要表达不完美的现实，也不求完美，但它比现实还要更具备现实性，它载着历史之痛，怀着未来之梦。正是从这点出发，我们可以说诗歌赶在了现实前面。

40

诗歌是创造的艺术，不是消费的艺术，是渴望的艺术，不是占有的艺术：有渴望才会有繁花盛开，一切的占有只会走向凋零。

41

迎合大众的想法暗含着把诗歌商品化的倾向，有这个念头的人，他的逻辑就是商品逻辑：为了让诗歌值钱，就得消费，要占有消费大众。换言之，为了让大众和诗歌文本产生互动，就应该让诗歌在利益驱动下遵循现实原则。如此一来，为了让大众明白诗歌文本，诗人就应该用能够获利的语言来设计和书写诗歌，否则诗歌就没有价值了。因此，利益成了作诗的理由、法则和意义，而社会职能成了诗歌的原则和目的。

42

顺着这个逻辑——商品逻辑和贸易交换价值逻辑，生产者（诗人）成了社会劳动生产力，而不是创造性的本我；而利益世界里的消费者（读者）也一样：驱动他的不是对诗歌的渴望和对艺术的鉴赏，而是一种社会性需求。

这里的读者不是在读诗（消费），而是在消费利益，诗歌消费成了使用价值再生产的劳动；同样，诗歌生产也成了交换价值体系中的再生产。古代阿拉伯诗人的生产回报就是得到哈里发真金白银的大量赏赐，“蒙昧时期”诗人的生产回报是获得全体部落的大肆赞美。

这种观念将陷入最危险的境地：将人置于物品的地位，以交换和需求来定性论价，以其使用价值来实现自我。被商品和交换价值裹挟的人本身就成了功能性物品，成了商品。

源于这种观念的诗歌生产正是阿拉伯主流文化结构所欢迎的，主流体系鼓励它，希望它持续下去，即把重复性生产作为一种制度。因为，正如马克思所说的那样，生产不仅创造财富，而且创造消费者，创造出与之相匹配的需求。由此，我们可以理解主流的阿拉伯制度是怎样实施传统教育体系，传播传统文化的，这个制度赋予诗人或整体文化以工具性、宣传性、传播性、号召性的职能。它所强调的文化是传播、宣传的文化，读者只要接受现成答案即可，不需要付出任何努力。

这种主流文化结构所需要的大众是个接收器，只管接收就行了，诗歌如商品一样，答案是现成的，接收就行，立即消费。而我们所倡导的诗歌，其基本条件就是要有反馈，我说的是互动，这也就是说，它对受众赋予了责任意识、自觉的批判意识以及领悟诗歌表达特质的能力。

43

近 50 年的阿拉伯诗歌实践揭示了两个方面：一是，总体而言，阿拉伯政治先锋性适应能力强，与社会发展保持和谐。二是，诗歌先锋性则相反，它是一股冒险性的力量，志在重新审视和质疑社会发展。这两种先锋性不尽相同，因为，权力意志是政治先锋性的表现，它只用政治实践的眼光来看待诗歌（包括所有艺术）。它对诗歌先锋性持有两种态度：一是以同化的力量让包括诗歌在内的文化适应权力意志的需求；二是拒绝和扼杀诗歌先锋性。为了满足这一需求，首先要将大众团结在自己周围，这是其工作和运行的基本保障。文化是实现这一团结的途径之一，而诗歌是最高级的文化表达。因此，政治先锋性力求将诗歌变成引导大众的宣传工具，也就是成为政治的武器。

这一立场犯了双重错误，一方面它把革命局限在政治工作方面，对诗歌的特质一无所知。其实，政治工作只是革命的一部分，艺术创作的功效不可替代。社会政治工作、诗歌创作和其他文化实践构成了整体革命事业的各个部分，其中每一部分都以其独特的方式去实现革命的目标。这里，我不想割裂它们，而是想指出它们各自的特点。诗歌作为一种写作实践，也许和作为常态化的政治工作相矛盾，因为后者建立在事件上，与事件本身紧密相关，而诗歌尽管受事件的启发和影响，却超脱于事件本身。因此，当我们坚持要让诗歌从属于政治工作和政治实践时，我们便在某种程度上否认了诗歌作为一种艺术的独特性和独立性。诗歌一旦失去自己的独特性和独立性，就会失去自己的本质属性，就会失去身份，失去应有的作用。因此，我们可以理解为什么最近 50 年的“政治诗歌”没有发挥出作用，既没有在大众层面发挥特长，也没有在美学层面起到作用。

这一独特性和独立性赋予了诗歌以不同于政治工作的方式

来改变现实，它是政治实践无法实现的致变力量，其他实践也无法取而代之。

44

在思想和表达、诗人的思索和书写之间存在着一段距离，它便是诗歌看得见的肌体，对这一距离的描绘方式体现出诗人的艺术造诣，也就是说体现出能指和所指建立起来的语词和语义的关系。因此，诗性并非迸发于思想，而是迸发于如何表现语词和语义的关系。

45

比如，你面前躺着一个孩子的躯体，他父母双亡，无家可归，饥寒交迫，最终让我们看到我们不愿看到的那个样子：与社会制度格格不入，被炸弹炸死。

个人的物质的事件背后隐含着社会、政治、文化等因素。而国家和社会又与种种事件彼此关联，相互渗透，可以从物质和精神两个层面解析。因此，你面前摆着各种动机、因素和结果，你想把它们都写下来，作为诗人，你该怎么写？

46

我读了你写的。

你写的和事件之间存在着距离，我的意思是你把它写成了一篇命题作文。我可以感受到你的痛苦、愤怒和道义坚守，但是，你却像古代诗人一样按照某个主题，如哈里发、秋天、沙漠、母驼，写了当下的事件。

你的诗是叙事和描述性的，是以描述以往事件的固化语言来描述当下时间发生的事件，用现成的艺术形式来附会不同的语义。

你虽写了事件，但也可以说，你什么都没写，事件离你很遥远。你只是坐在沙发上，像从历史匣子里掏出宝石一样，拾人牙慧。

事件并没有撼动你的语词，所以，你什么也写不出来；你只是重复别人的生产。就好比你将一串已经串好的项链散开后，又用另一种排列方式重新串好，项链还是那串项链。

你想实现的目标丝毫没有实现，既没有达到致变的政治目的，也没有达到超越艺术的目的。

47

一切初次闯入我们历史语境的事件必然要求写诗的人的语

言要进入我们不曾熟悉的语境：他要创新文本—事件。很自然，他会潜入因袭下来的语言模板，激发和改变这些一脉相承的表达方式，他要超越语言古老的躯体。

48

以往的形式无法书写不曾发生过的事件，写作的引爆只能依靠语言本身的引爆，况且，事件本身也不止一个维度，它并非仅仅是可见的表象，而是多层面、有深度的结构。如果像传统语言艺术那样，以单一的线性的表达方式来书写，那很有可能歪曲事实，与诗歌自身的写作背道而驰。因此，诗人必须引爆写作语言本身，对其多层次的象征、语义、模式进行重新组合，赋予其新的序列和节奏。

49

这就是依据诗歌写作的政治，而不是依据政治需求来编排诗歌语言。

引发传统写作形式变革的诗人正是政治工作的实践者，因为这些形式是传统结构的延续。

由此观之，诗歌写作甚至会影响到语言内部的基本结构，至少从象征层面而言，形式的创新就是敢为人先，就是超越，就是创造一切可能。

50

如果该物质 / 商品就是为了满足某种需求，经济用语与艺术用语并行，那么这首诗便免不了具有了商品意义，或者说这个词语有了自己的功利指涉。如今主流政治经济体制下的规则也在诗歌语言艺术中大行其道，导致诗歌语言单一化、线性化，视野狭隘，直白了当，没有燃烧的激情，只有对习以为常事物的唯唯诺诺。简而言之，这最终将摧毁诗歌语言的本质：隐喻和意象。

这便是今天诗歌语言遭遇的简单化灾难：语言退化成直白的功利性指涉，将丰富的感受视若物质的、直白的事物，如椅子、木板、尺子一样。

这种简单化是按照使用价值来交换能指，按照商品价值来交换所指。这不仅意味着消灭为人类独创的诗歌，而且意味着摧毁具有独特表达形式的诗歌语言。

这一简单化意味着不要意象，不要隐喻，诗歌在冰冷的工具理性下生成。它以商品的眼光为诗歌立论，否认诗歌是人类和世界的诗性表达。被称之为诗性的事物其实就是人类最原始的情感，它没有也不可能有商业价值。

有些人认为现代诗蒙眬。我认为谁拒绝隐喻，那就意味着他拒绝那些无法纳入理性逻辑的事物，拒绝将事物重新组合排序，也意味着拒绝无法融入理性生产系统的事物，拒绝无法屈从于商品语言的事物，而商品语言遵从工具理性规则。

如果说诗歌在资本主义—殖民主义生产方式统领下的社会中还具有一定作用的话，那么首先就是把人从商品化的工具理性中解放出来。

因此，诗歌不仅对因袭的语言系统发动革命，它更是一场对主流经济体系的革命，对盛行的文化认知的革命。这种文化一方面加强消费主义模式，另一方面依据与政治经济体系相符合的工具理性来深化传统遗产模式。

由此，我们说，自古以来，经济系统和艺术系统存在着本质的差别，诗歌的能指可以使我们回溯至多个所指，而经济或商品的能指则正好相反。因为诗歌语言的构成从本质上来说是建立在隐喻、意向和象征之上的，一首伟大的诗篇是一片由许多可能性意指组成的森林，也就是说，诗歌若失去隐喻、意向和象征，它便会徒有虚名。

因此，我们说，语言的物质化将导致语言失去功效：使我们太关注致力于改变的现实而忽视了现实本身，常常使我们说得太多而于事无补。此时，语言成了事物表象的反映和延续，成了一个个冠冕堂皇的说辞，反而坐实了我们欲反抗的现实——那个言行不一的现实。

51

革命运动中，政治功效和艺术功效在策略和实践层面彼此独立，但并不是没有丝毫联系，诗歌和政治的关系亦如此。革命的政治必须是文化的，而革命的文化必须是政治的，在革命中，艺术和政治的关系是有机结合的。

然而，政治实践是一门独立的艺术，诗歌写作实践也是一门独立的艺术。前者原则上要求实践者全力以赴，甚至以压倒一切的方式投身其中，为之痴狂。后者亦如此。因此，政治实践也好，诗歌创作实践也罢，都不是一种简单的爱好，更不是一时的心血来潮，而是全身心的投入。

52

借此，我想指出两点，第一点：有些人偏重革命诗歌的典范性，如聂鲁达[①]式的、阿拉贡[②]式的、纳齐姆[③]式的、洛尔卡[④]

---

① 巴勃鲁·聂鲁达（1904—1973年），智利当代著名诗人。

② 路易·阿拉贡（1897—1982年），法国著名诗人、小说家，龚古尔学院成员。

③ 纳齐姆·希克梅特（1902—1963年），土耳其20世纪伟大的诗人，在政治上饱受争议。

④ 加西亚·洛尔卡（1898—1936年），西班牙著名诗人、戏剧家。

式的诗歌的典范意义，于是依照这些人的思想来发号施令，表达见解，还按照这一模式来写作，他们中还有人甚至要求阿拉伯诗人也步其后尘。

如果人类社会中的许多运动真有范式可循，那么我要说，阿拉伯诗歌的艺术创作从本质上看无典范可依，既不是聂鲁达式的，也不是洛尔卡式的，更不是其他革命诗人的，那些人不可能成为阿拉伯诗人的典范。阿拉伯诗歌的革命性不可能外在于阿拉伯诗歌内部的范例，它必然要从阿拉伯文本本身去推导。每一个诗人都有自己的语言，也就是他独特的表达方式，而独特的表达方式就是我们称之为艺术的事物，它独一无二，无先例可循。可以说，包括诗歌在内的艺术创作，就是持续不断地颠覆一切范式。

说得更直白一些，阿拉伯革命诗人不应该因袭其他语言的革命诗人的创作道路，他应该根据自己国家的实情，怀着梦想去开辟自己的道路，使其符合自己的文化遗产，符合自己语言的独特禀赋。阿拉伯诗人的写作还应该体现出本国深远的革命经验历程，以及这个历程的独特性，凭借阿拉伯语的禀赋及其表达上的特殊性和审美力，在其自身的文明、经济、社会、文化和政治语境中，来创作阿拉伯革命诗歌。

在思想、意识形态、理论领域优先要考虑的是，尊重各个民族的特殊性和差异性。我们应该根据阿拉伯社会的情况，将其阿拉伯化。而在诗歌艺术创作领域更应该考虑到民族的特殊性，我们应该看到，那些效仿其他国家的革命诗歌，从阿拉伯社会问题、艺术遗产问题、理论框架中观之，也许未必是革命的。

第二点：我们大部分关注诗歌和革命关系的批评家、诗人，却在批评、写作实践中被预设的思想左右，偷换诗歌概念，在诗却不言诗。由此，借革命之名，让那些貌似艺术的东西，成了艺术；借革命之名，让那些霸凌诗歌的东西，成了诗歌；借革命之名，让那些句句糟蹋诗歌的人，成了诗人。诗歌和艺术的境遇如此，其他文学门类的境况亦如此：戏剧、故事、小说。反思 20 世纪 50 年代至今的诗歌、艺术、文学的创作，足以证明这一点。这种反思告诫我们，当革命的热情消退后，经过时间的洗礼，被称之为革命的储备虽然庞杂繁多，其实寥剩无几。

因为如果是一场真正的革命，它必然是以追求更深远的意义、实现更美好的生活为旨归的行动；而拙劣的行为，无论是语言上的还是举止上的，都无法为革命服务，甚至不可能成为革命本身。

53

现代阿拉伯诗歌现象与其说是对过去的发展和传承，毋宁说是一种爆发。这场爆发的特点是开辟了阿拉伯视野：拓展创新运动的实践，建构可能性和梦想。

“蒙昧时期”的阿拉伯文化建立在口头上，而不是书面上，只有靠口耳相传才能延续下来。这种只靠背诵、不能书写的本领就是记忆。

如果说书写建立在对历史较为精确认知的基础上，那么可以说，没有书面文字的集体历史就是记忆史。

然而记忆本身缺陷多多，它无法了解一切，亦无法事无巨细地记诵下来，而且会被忘掉，更不要说在回忆和流传过程中被添枝加叶，疏漏遗失，以讹传讹。

也许这一点可以解释，为什么阿拉伯人对节奏情有独钟，那是为了便于记忆；还可以解释，阿拉伯人为什么唱起歌来就乐陶陶的，那是对音乐节奏心向往之。也正因如此，我们的“蒙昧时期”先祖们给予诗歌优先的地位。

音乐就其形式而言，是由均衡的节奏不断重复构成的，这个特质组成了诗歌素材，一切都是为了在没有书面文字的条件下更好地记忆和传诵。节奏感强、思想明确、模式驾轻就熟是“蒙昧时期”诗歌赖以存在的美学基础。

建立在记忆（或演讲）文化基础上的诗歌充其量不过是语言的序列：是一种重复过去、记住当下的有效能力，可以说，几乎是一种仪式。因此“蒙昧时期”的阿拉伯人从仪式的角度来形容诗歌：具有魔性、力量，且庄严持重，这些都是功效性特点，诗歌的职能是象征性的、社会性的。他们很少用“优美”来形容诗歌。

由此，形式作为有效力量被提到了原则的高度，这个原则首先是集体原则，个人只能接纳它。如果不能通过形式来表达个性，个人只能磨砺和修正以前的形式。在形式上，诗人没有被要求独出心裁，只在结构上被要求进行个性化调整，甚至要求诗人按照集体原则，以固定的模式起兴。这一点可以说明为什么形式稳定是集体记忆和集体归属文化的必要特征，任何形式上的松动都意味着对文化和集体的动摇。

也许形式的稳定对于“口头”文化是对的，然而，这一点能适用于书面文化吗?

把口头文化的评判规则套用到书面文化上，是会出乱子的。

因此，我们不能评判构成诗歌韵律的各种元素，而只能评判诗人在多大程度上掌握了这些元素。

一定要区分口头文化中的诗歌和书面文化中的诗歌。

54

从 1957 年发表的诗集《最初的诗篇》到 1971 年发表的诗

集《纽约之墓》，我的写作经验是统一的，虽然形式或表达方式是多元的，但对诗歌的观念只有一个。这里，我并无割裂形式和内容之意，那种传统的二分法至今仍然盛行，我想说的是这种经验在日趋丰富和成熟。奇怪的是，读者为什么没有在我1965年发表的诗集《变化迁徙》里的“在日夜的领地”和“恋人的变化”两首诗中发现《纽约之墓》的种子；更奇怪的是，读者也没有在我1958年发表的诗集《风中的树叶》里的“当今岁月的挽歌”一诗中和1961年发表的诗集《大马士革的米赫亚尔之歌》里的“第一个世纪的挽歌”一诗中发现它的种子。有时候，我自问：有没有一个读者认真、全面地读了我的诗？这一暗含着诸多怀疑的自问，同时揭示了当代阿拉伯诗歌批评界的些许不足和无能。

不过《最初的诗篇》和《纽约之墓》在表达方式上的差异引发了关于风格的争议，风格是早已有之的术语。持风格论观点的人认为，这两部诗集的差异昭示出一种令他们不安的变化。在他们固定的意识中，诗人应该秉持一贯的风格，在他们看来，风格就是一种一成不变的外在形式系统，遵从某一教条或规则。很明显，这一观点不仅没有把诗歌理解成整体的经验，也没有把表达方式理解成形式，风格被认为是从属于写作的，先有写作，再有风格。而事实上，风格先于写作，并通过写作不断发展，直至超越写作本身。风格先于写作，因为风格居于诗人的内心世界，是他全部的心性、感知和思想。风格又超越写作，因为风格是词语的排列规律，正是它构成了我们所说的诗人的音调、语气和与生俱来的气质。个人特征是风格的前提，建立在与个性相连基础上的风格才会被人理解。因此，我们说风格独一无二，但前提是这个独一性必须丰赡和多元。诗人是个组合性的个体生命，组合意味着多面性。由此，我们可以理解为什么诗人的品位和观点在不断变化，见解在不断扩展和丰富，表达也在不断改变。

然而，这一变化背后有一个稳定的因素，或者说有个中心是不变的，诸多改变围绕着该中心展开，不断生成、繁荣，而不会动摇这个稳固的中心。从这个角度看，风格（形式和表达方式）犹如梦境：无始。无始之物也就没有终结，无法设限。

如若不这样去理解形式，那么诗人必然落入单调、呆板的境地，读一读现在出版的诗集，格律诗也好，散文诗也好，在结构上不都是千篇一律吗?

形式上的开放和无尽正是我自《最初的诗篇》起一直追求的理念，《纽约之墓》以后也一直秉持，反对封闭的、有限的写作。有限的生命个体怎能不通过对无限的、永恒的追求而度过一生呢?

55

场合是外在的事件，有政治事件、社会事件，还有自然事件，也许是对过往的纪念，也许是对当下的庆典。

事件是物质的文本:纪事、业绩、变故……诗人该怎么写?没有现成的答案，也没有定法和标准，诗人各显神通。

也许有的诗人喜欢以散文诗的形式白描事件本身，使诗歌和事件保持一致；也许有的诗人偏爱将事件融于心理—文化体验；更有诗人热衷于把事件看作是一种象征或意蕴，不局限于事件的表面意义，而执着于揭示表象之后的隐喻；还有诗人醉心于将事件融入自我经验中，秘而不宣，汇入经验之河，与别人的体验交融。只有通过文本阅读，才能将其中难以确定的意象和形式呈现出来，有时诗人与文本的关系甚至如同玫瑰与玫瑰的气息般隐晦，似有若无。

我认为诗歌就其特性而言，不可能是某一事件的藻饰，也不囿限于某个条条框框，更不是事件的镜像，或是传播、宣传和布道的工具，我更倾向于上述最后一种对待诗歌的态度。诗歌不是对作为第一话语的事件进行转述，相反，诗歌本身是第一话语，它看到的世界并非这个样子，它凭借直觉来表达世界可能成为的样子，从这个意义上讲，诗歌是一种建构，事件无论怎样，也是诗歌建构中诸多途径的一种。

三、诗歌与创新

1

阿拉伯诗歌的创新问题并不是什么新鲜事，实际上是老生常谈，早在公元 8 世纪就已有之。

那时的批评家们普遍认为，阿拉伯诗歌经历了两个发展时期：第一个时期被称为古典诗歌时代，它始于伊斯兰教兴起传播前的约 100 年左右，也就是公元 6 世纪前期，终于伊斯兰教诞生后的约 100 年；第二个时期始于阿拔斯王朝的建立，即公元 8 世纪中叶左右，开启了阿拉伯诗歌的创新时代。

这些批评家们还一致认为，第一个时期的阿拉伯诗歌在伊斯兰教兴起初期尽管在模式、创作方法以及主题上的变化与伊斯兰教兴起之前的有所不同，譬如那时有很多情诗、讽喻诗和政治诗，但终究是同根同源的。而在第二个时期，阿拉伯诗歌却出现了与以往不同的特征，它涉及的领域明显扩大，并受到了新生活及其对社会、哲学、科学等方面的影响，因此，诗歌试图用新风格来表达这一影响，开风气之先。但这一变化在批评家眼中则意味着阿拉伯诗歌“变质”了。[①] 那时，诗歌发展新

① 阿米迪. 艾布·泰马姆和布哈图里诗歌评较（第 1 卷）. 贝鲁特：科学图书出版社，1944：18.

方向的雏形可以从一些诗人身上略窥一二，如巴沙尔·本·布尔德、伊本·哈拉马、阿泰比、艾布·努瓦斯、穆斯林·本·瓦利德、艾布·泰马姆、伊本·穆塔兹、谢里夫·里达等。按照批评家马尔祖基对艾布·泰马姆的《<坚贞集>释义》一书的序中对“阿拉伯格律诗”下的定义，上述诗人们跳出了格律诗的囿限。①

“格律诗”是一种自古就被普遍理解和接受的诗歌，它墨守成规，表达方式呆板老套，一旦出现了不同于它的创新，就会被看作是“诗人表达出不符合传统的新义。”② 因此，坚持格律诗意味着反对创新，这让诗人们只能不断地重复老调子，他们的诗歌必须和旧体诗杂糅在一起，成了“看不出由哪些矿物质提炼而成的铸锭”，或是“许多花香混合而成的芬芳”。③

因此我们不难理解为什么伊本·艾阿拉比在评价艾布·泰马姆的诗时说“如果这也算诗的话，那阿拉伯人说的话都是荒谬之词了。”④ 当时许多批评家著书立说，对艾布·泰马姆口诛笔伐，专门拿他的诗与其他诗歌进行对比，有的评价“他的诗既不像早期阿拉伯诗歌，也没效仿前人的创作方式，艾布·泰马

① 马尔祖基.《坚贞集》释义.开罗：编著、翻译、发行印书馆，1968：9.

② 伊本·拉西格.作诗论诗之道（第2卷）.开罗：开罗书局，1934：177.

③ 伊本·塔巴迪布.诗歌标准.开罗：埃及书局，1956：10.

④ 苏里.艾布·泰马姆轶事.开罗：翻译与发行印书局，1937：244.

姆的比喻晦涩难懂，充满歧义”，也有的评价“他违背了广为人知的作诗纲要”“走进了死胡同”“舍弃了正道”，还有的甚至评价“他的诗偏离了阿拉伯诗歌流派，比喻不明，他的话语不是出错，就是出格”“他的风格甚是怪异”。

很明显，以上这些评价表达出批评家们对艾布·泰马姆的愤怒，他们甚至把艾布·泰马姆的诗视作侵袭阿拉伯人头脑的瘟疫。

至此，我们可以将传统批评家们关于创新问题的观点总结如下。

（1）那些由巴沙尔·本·布尔德及其后来者创作的诗歌是“外来货色”，正如阿米迪所说的那样，意味着阿拉伯诗歌的“变质”。批评家们把它们看作是转瞬即逝的“标新立异”，是所谓的“创新”。

（2）第一个时期的阿拉伯诗歌，也就是“蒙昧时期”的诗歌是最高的艺术典范，十分完美，具有终极意义，它就是标准和圭臬，是永恒的经典，既不可偏离，也不可嘲弄，更不可超越。

（3）任何真正意义上的创新都必须与这一范式和经典步调一致，不得僭越，这是前提。[①]

---

① 苏里．艾布·泰马姆轶事．开罗：翻译与发行印书局，1937：244.

不过，那些创新派诗人倒不是很在意这种批评和所谓的标准，而且不断用各种各样的方式表达他们的叛逆和反对，甚至有的人借经典作品里的理由来支持自己的叛逆立场。[①] 因此我们看到这些诗人用讽刺的手法与对手论战，使其难堪，也看出他们对诗歌及批评的深刻理解。[②] 艾布·努瓦斯曾在自己的诗作中嘲讽“蒙昧时期”诗人的生活和思维方式，并倡导对其进行革新与超越，走向新思维、新生活，以便建构新的诗歌语言和新的美学标准，[③] 具体而言就是要在诗歌节奏及韵律上推陈出新。

艾布·泰马姆被普遍认为是跳出格律诗拘囿的代表人物，但是，他的所有反叛是否都是针对诗歌的呢?

我们可以将他的反叛归结为以下四点。

（1）跳出常规语义。

（2）蒙昽。

（3）新颖的意象。

（4）古词新用。

无疑，这种倡导确实不同于那个时代的诗歌写作传统，这是一种对诗歌创作方式的僭越，而不是针对诗歌本身，他为诗歌开辟了新天地。

---

① 伊斯法哈尼 . 歌诗诗话（第 17 卷）. 开罗：知识出版社，1951：12.

② 转引自齐扎丁·伊斯梅尔 . 阿拉伯批评的美学基础 . 开罗：知识出版社，1955：186.

③ 同注释 ①。

艾布·泰马姆和其他革新派诗人深谙阿拉伯诗歌遗产的本质和精髓，并且继承了其中大部分的技艺和特点。但是如同每个创新者那样，他们拒绝重复前人的诗歌，凭着创新者的直觉，他们已领悟到，从艺术层面看，重复对诗歌没有好处，也不利于它的发展，于是他们决心在继承诗歌传统精华的基础上使用新的表达方式。如若完全割断与传统的联系，那么就无异于扼杀诗歌，这是行不通的，因为阿拉伯诗歌遗产蕴含着永生的动力。

其实这些革新派诗人为了突破“格律诗”，只做了两件事：不使用过去常规的创作方式，不谈论他们没有看见或没有受到启发的事物。

但也有一些批评家能够理解艾布·泰马姆诗歌立场的意义并为之辩护，他们认同魔幻和蒙眬在诗歌中的作用，就像布赫图里说的那样，“诗歌永无止境”“蒙眬的一瞥就足以澄明诗意”。[①] 他们还认为诗歌之美“犹如变魔术，打破寻常的套路，为非生命体注入活力，把生与死、水与火同时呈现在你面前。”[②] 朱尔杰尼进一步说明这种美学真谛：“本体和喻体离得越远，比喻就越能打动人心。”[③] 艾布·希拉尔·阿斯卡里在为艾布·米

---

① 伊斯法哈尼．歌诗诗话（第 3 卷）．开罗：知识出版社，1951：254.

② 伊本·萨拉姆转述尤努斯·本·哈比伯．《阿拉伯批评史》（第 1 卷）．开罗：穆罕默德·柴格鲁书局，1963：31.

③ 朱尔杰尼．修辞奥秘．安曼：征程印刷和出版机构，1983：118.

哈杰尼·沙格菲的诗集释义中曾指出“诗歌的词语应犹如启示，含义应具有魔力。”在此，创新派诗人强调了诗歌的意象应该是陌生化的，来自人们不熟悉的领域。伊本·赛义德·巴特勒尤希也指出：“如果诗人沉醉于不可及之物，说出了难以想象和无法实现的事物，便证明了他的提升和独创性。”[①]

支持艾布·泰马姆的人中有位叫艾布·伊斯哈格·萨比的诗人认为，诗歌的蒙眬有着与散文不同的独特价值，“散文的修辞方式与诗歌的不同，因为散文直抒胸臆，简洁明了，能让听众在第一时间就明白其含义；但诗歌不然，最好的诗歌是蒙眬的，听众只有经过回味后才能解其真义。”[②]

同样，《艾布·泰马姆轶事》的作者苏里在书中也力挺泰马姆，并回击泰马姆的对手们。他把泰马姆的对手分为两大类，第一类人又可分为两种，第一种人“在对早期的诗歌阐释和褒贬评价方面人云亦云，别人认为好的就是好的，别人认为有缺陷的就是不好的。而第二种人则没有很好地去理解创新派诗歌，因无知而反对艾布·泰马姆。”至于第二类人，他们批评艾布·泰马姆的目的“就是为了沽名钓誉，显摆自己的学问。因为他们原本就是无名小卒。”

同时，这本书还引用了大量别人的评论来为“塔伊派”正

---

① 朱尔杰尼．修辞奥秘．安曼：征程印刷和出版机构，1983：43.

② 朱尔杰尼．修辞奥秘．安曼：征程印刷和出版机构，1983：44.

名和辩护，苏里把艾布·泰马姆描述为“诗歌修辞学派的鼻祖，无人能企及，因此人们用泰马姆的姓氏‘塔伊’将其流派命名为‘塔伊派’。”[①]他还阐释了艾布·泰马姆的创新功绩，认为他之前的诗人不过是革新了一两联诗句，而泰马姆则“把他自己独特的印记融入他的大部分诗歌创新中……没有任何一个诗人能依靠语义创新而超过艾布·泰马姆。”[②]

苏里回击那些对手们:“如果艾布·泰马姆受到的是那些在诗歌技艺上出类拔萃的诗人的非难就好了，但遗憾的是，遭到的却是那些不懂装懂、不辨优劣者的攻击。”[③]接着他又说:“那些不精通如何作诗作文的人不应该对艾布·泰马姆评头论足、横加妄议。”[④]这里，他似乎点明的是《诗人评级》一书的作者伊本·萨拉姆·朱马希说过的话，“诗歌是一门饱学之士才能掌握的艺术和文化”。苏里还援引易马拉·本·阿吉勒对艾布·泰马姆的评价来佐证自己的观点，“他发现了那些被隐藏的、诗人们遗失了的事物”。[⑤]苏里最后为泰马姆辩护道:“假若无知的人不聒噪，世界该多清静啊。”[⑥]

---

① 苏里．艾布·泰马姆轶事．开罗：翻译与发行印书局，1937：14-28.

② 苏里．艾布·泰马姆轶事．开罗：翻译与发行印书局，1937：37.

③ 同注释②。

④ 苏里．艾布·泰马姆轶事．开罗：翻译与发行印书局，1937：38.

⑤ 苏里．艾布·泰马姆轶事．开罗：翻译与发行印书局，1937：96.

⑥ 苏里．艾布·泰马姆轶事．开罗：翻译与发行印书局，1937：128.

事实上，那些反对艾布·泰马姆和创新派诗歌立场的人，其中大部分人对诗歌本质一窍不通，阿米迪就是最突出的例子。他和一些人指摘艾布·泰马姆“出格”，比如，他把骏马的脖子比作牙刷树的树干，这违背了阿拉伯人的常识；他还把头脑比作轻薄柔软的衣服，而阿拉伯人习惯把头脑描述为庄严持重、有分量的物体；再如，他将女人的脚环比作饰带，这怎么可能呢？饰带是宽松的，而脚环是扣紧的，要“咬合住腕骨才好看”。阿米迪认为这些比喻“违背了阿拉伯人的说法”，他转而又说：“艾布·泰马姆认为离别能‘让人欢欣’，这怎么可能呢？心灵只会因爱而愉悦。”

阿米迪在总结艾布·泰马姆的创作风格时说道：“他使得荣耀具有躯体和灵魂，令怯懦者憎恨；他把天涯视为咫尺；他视安全为床榻；视甘霖为时代的编织者；他把岁月比作坐骑，把时光当作雨露。这些比喻匪夷所思。阿拉伯人只有在喻体和本体较为接近，或是在较为相似的情况下，或存在因果关系时，才会赋予比喻词原本没有的新义，此时，喻体才能和本体很好地结合起来，在含义上也能相互匹配。”①

这番言论实际上暴露了阿米迪对诗歌的无知，他认为的“匪夷所思”恰恰是诗歌要表达的本质。而当我们读到阿米迪对于

---

① 阿米迪. 艾布·泰马姆和布哈图里诗歌评较（第 1 卷）. 贝鲁特：科学图书出版社，1944：235.

"好诗"的定义时，则更能感受到他的无知，他说好诗都是建立在"互为达意、互相拥抱的话语上的，只要你读了上半联诗，马上就知道下半联要说什么……"[①] 如果我们想定义什么不是诗歌的话，那么这句话应该再恰当不过了。

2

当我们站在现代的角度去看祖先们对诗歌的革新及其在当时引起的影响时，就会发现革新派和保守派展开了交锋：

传统批评的发展是一码事，诗歌的发展是另一码事。传统批评家们捍卫的是自古传承下来的价值观，他们尊古褒古，即便是荒谬的，仍然认为古的都是好的。[②] 而诗人们却试图摆脱古老及其各种形式的束缚，尝试用新的风格和手法去作诗。在阿拉伯批评史上，几乎没有哪一位批评家敢于针对诗歌本身进行批评，只有我提到的极少数人除外。而他们的批评到底对诗歌产生了怎样至关重要的影响呢？大部分批评家的评论只满足于重复大众的口味，对主流思想进行分类，捍卫传统，要求后人墨守成规，如法炮制。

---

① 阿米迪．艾布·泰马姆和布哈图里诗歌评较（第1卷）．贝鲁特：科学图书出版社，1944：226.

② 伊本·古太白．诗歌和诗人．开罗：知识出版社，1982：16.

那些被传统批评家视为“变质”的创新诗歌现在看来都是好诗，现在的诗人和读者品读更多的恰恰是这类新诗，而不是那些曾被批评家们奉为阿拉伯诗歌最高典范的“古诗”。如今那些传统批评仍以这样或那样的方式在我们的生活和文化中延续着。

那些认为创新诗歌是对格律诗的僭越和与格律诗决裂的批评家们，他们的观点和我们的观点很吻合，是我们观点的补充。我们一些先人早已意识到了革新的必要，并为此抗争，打破许多桎梏，为创新铺平道路。他们继承了诗歌源自自然感知的本质，接受了这种理念，并注入了新的思想和美学元素。然而这一扩充不足以战胜世代相传的固化思想：一成不变的美学范式，固定的主题、风格、语言和韵律等。这一固化现象归结于价值观和世界观的僵化。阿拉伯人为男人女人规定了一套理想的标准，而诗人极力按照这一标准来塑造自己的偶像或恋人。这一理想品行成为每个诗人心中男人或女人的代名词，以至于难以分辨出男女的具体个性而导致千人一面。而那些品行并非生活中活生生的人所具有的，只是诗人头脑中抽离出来的典范品格。于是，这样的标准内容不断重复，直至僵化。最终，正如阿拉伯批评家们说的那样，“内容”作为人所共知的部分被大家忽略了，诗人只注重对诗歌外表模式的打造。

所以大部分诗人满足于自己的工匠角色，充其量不过是把作为物质的传统诗歌放在自己手里进行雕琢，尽可能地把它打磨得美观新颖。而批评家们也只满足于观察其工艺如何、方法如何，只审视其工艺是否精妙、上乘，或是乏味、低俗。我们很难找到一个古代批评家，并且能通过研究他那个时代的诗歌来观照人类整体处境，打开人性未知领域的大门。

3

贺拉斯有一句名言："祖辈强于父辈，父辈强于吾辈，吾辈又强于后辈。"如果我们用这句话来评价诗歌的话，那么它就是对我们过去和现在的诗歌批评的最好总结。那些在过去借传统力量占据主导地位的诗歌理念至今仍强势地统领着我们的现实，甚至更加尖锐和复杂，以便经受住现代瞬息万变的局面，于是它与那些有关人及涵盖人类最新价值理念的各种文化潮流相碰撞。诗歌已然成为其中的一部分，而对传统诗歌价值观的突破也演变成对这些文化潮流和伴随而来的政治、经济等变化的挑战。有些文化理念在过去因被不断重复而奉为阿拉伯诗歌遗产，如同它的载体阿拉伯语一样，如此牢固、如此神圣，以至任何创新或变革都注定起始于它的标准和形式。这种遗产与诗人有种宿命般的联系，引领并驱使他前行。

这些文化潮流把过往当作安全坚固的避难所，以此抵抗变化中的现实。过往为它在波涛汹涌的现代世界中提供了得以喘息的机会和获得安宁的一隅之地，因此它的追随者们都坚持认为诗歌应该建立在过去的传统之上，只有这样，文化才能得以延续，只有这样，过去与现代也才能融为一体。这种文化里的生命不在乎不断冒险去尝试新事物，而关注在至理名言和劝诫训导保护下墨守成规。

传统阿拉伯批评家们认为，过去不仅能为本源，也能为现在和未来提供保障，似乎过去写就的一切事物都是如此完美、准确无误，那些古代的事物都成了优先被接受的真理；古代诗人被认为是拥有天赋的创造者，从一开始就有了揭示诗歌奥妙的特权。由此，过去在阿拉伯生活和思维中被赋予魔力，可以扼杀一切现代的禀赋和创新之美。因此，鲜有发现我们当中出现过伟大的灵魂，即使发现时，他们也已经被埋没在过去的尘埃中，无用武之地。过去似乎是个理想的被造物，是照亮我们生活的光，让我们活下去。

把古代奉为神灵的思维并非那么神圣，它无非就是不断地重新组合和复活古代，稳定是它永恒的法则，它对思想和生活总是感到终极的满足，任何对这种满足构成挑战的行为反而只能使它更加恪守古代，而对它的对手变本加厉、丧心病狂地进行攻击，甚至为此不惜牺牲一切有创新精神的文化力量。

这种思维不能理解独立于传统和过去的个性发展，因为它生活在半宗教状态中，那是一种与传统和过去完美融合的状态。所有事物都植根于它，从中汲取力量；所有知识都预先被涵盖其中，因此，重复和牢记远比探索和创新更为重要，古代成为这一思维的基础和核心。

于是，古代成为阿拉伯主流文化的魅力所在和重心要点，它所理解的人必须是继承者和完善者的角色，而现在和未来无非就是对过去的释义和评价。

4

阿拉伯诗歌的创新运动基于以下几个方面。

第一，对传统思维的反叛。这一过程由古代诗人发起，并在诗歌经验中逐渐成熟并发展到顶峰，它没有屈从于传统。因为，任何一种借助回归传统或与传统诗歌形式相融的革新都不可能彻底，甚至会与当下现实断裂，感知被限制，拒绝接受现实。传统是定型的，但生命是流动的，因此任何滞留在传统中的人便必然处于生命之外。为了保障传统，就会否认生命，同样，为了保障诗歌的形式和风格，就会否定诗歌本身。由于我们的传统并不仅仅是一种信仰，它更是一种生活制度和生命理念，因此，对传统的革新或反叛注定是根本性的和独一无二的。

第二，超越阿拉伯诗歌陈旧的理念。这一方面意味着超越固有的价值观和形式，另一方面也意味着超越阿拉伯诗歌本身的定义，即它是“合辙押韵的话语”。除此之外，还要超越由这个理念衍生而来的文艺批评理论及其相关概念。

第三，超越那种认为阿拉伯古诗是美学的圭臬和所有后世诗歌的典范、标准、终极原则的思维模式。这就需要去超越这一思维模式下衍生出的文化立场，该立场认为阿拉伯诗歌遗产具有独立于其他诗歌遗产的自我价值，并认为它是一种永恒的原则，是一个自我满足的世界，因此进步和创新意味着对它的模仿，是对诗歌黄金时代的永恒回归。

阿拉伯新诗运动的基础可详细表述为以下几点。

第一，艺术方面。阿拉伯长诗是众多联句的组合，也就是各自独立、不断重复、彼此间没有内部纽带的单元组合，维系它们的只有韵脚。它建立在韵律之上，简洁是它普遍的特点。

传统阿拉伯长诗仍以这样或那样的方式存在的同时，新诗也在崛起。如果我们将二者放在一起比较，就会发现前者建立在每个联句各自独立、不断重复的诗句基础上，靠重复的韵脚维系各句，以韵脚和韵律节奏之美来体现每一联诗句的美妙。而新诗，无论在形式还是在内容上，它都是一个紧密联系、鲜活多姿的整体，不能割裂观之。传统长诗是词义工艺，而新诗则是独特的经验和情绪。同样，传统长诗的语言总是千篇一律，充斥着语法和释义，而新诗则用的是个性语言。对于传统长诗的理念而言，词义重复不算缺点，因为它注重的是外部结构的完美，而新诗则认为个性独特、观念创新才是诗歌最重要的因素。传统长诗建立在外部强加于它的简单而固定的韵律基础上，而新诗则建立在节奏基础上，节奏来自内心的律动，是创新，它对力量、独创性和天赋的需求远胜于对韵律的需要。所有的传统长诗只有一种形式，而每首新诗都有属于自己的独特形式，或是散文体、或是诗歌体、或散韵结合体。对传统长诗形式的理解不费力气，但对新诗形式的理解却需要极强的诗歌意识，它往往涉及诗歌材料中各个部分的知识和内在联系，以便使诗歌形成一个完整的整体。所以，无论是作者还是读者，若达不到这种理解，就无法读懂新诗，也就不能理解新诗的形式。

此外，新诗认为诗歌的精髓是无限丰富的，经验和天赋有多丰富，它就有多丰富。

第二，语言方面。诗性表达是一种心理和情感状态，而表达需要靠语言，因此语言是鲜活的、不断更新的实体。如果新的感受要用新的语言表达出来，那么，其语言应该是独一无二的。这表明诗性表达问题实际上不是语法和句法的问题，而是有关激情、感性、张力和灵悟的问题。诗歌语言之美源自词语及其语际关系的规律，而这一规律不受语法的掌控，它是情绪和经验的结果。因此，与阐释性的科学语言相反，诗歌语言是隐喻性的。所以阿拉伯新诗诗人坚信，语言应该与诗人的经验协同并行，其中充满了矛盾性、多样性和张力。因此，必须使词语摆脱一脉相承而来的传统词义，为其注入新鲜血液，摆脱常规和习惯词义的桎梏。

第三，文明方面。从诗歌和语言固有的价值观中解放出来的新诗诗人，也必须从整个阿拉伯文化的固有价值观中解放出来，也许诗歌和语言上的僵化归根结底是阿拉伯文化本身的僵化。

主流阿拉伯文化是一个封闭的世界，阿拉伯人一方面生活在永无止境的运动发展中，同时又被所谓适合任何时空的固化的价值观捆绑，这便是我们所处的矛盾而痛苦的现实处境。

因此，从文化层面，尤其是诗歌层面看，我们都有必要指明阿拉伯历史上的反叛精神，这种精神反对我们谈到的固化思想，反对在人和认知之间设限。在诗歌领域，古代阿拉伯诗人和批评家们基本达成了一种共识，就是要把诗歌和宗教分离开来，以此回应反对诗歌的宗教主义，后者认为诗歌会蛊惑人心，使人走上迷途，诗歌应该遵循伦理戒律。

从诗歌层面来看，这种反叛曾经产生了消极的影响，按照朱尔杰尼的说法，它只做到了“宗教与诗歌的隔绝”。但从整体的文化层面来看，这种反叛还需要做得更加彻底、更加全面，是信仰对信仰的对抗，真理对真理的辩驳，文化对文化的交锋。

本着这个思想，当代阿拉伯诗人必须要超越古诗和文化遗产中固化的价值观，因为只有这样他才能实现与所处文明水平相匹配的诗歌创新，当然，如果他想要冲破诗歌表达形式终极化的偏见，那么对待文明遗产的态度也应如此。这样，阿拉伯文化和诗歌遗产就能成为人类文明的一部分，也就是说，这种遗产的意义取决于它在多大程度上融入人类文明，在多大程度上具有人文精神，在多大程度上实现自由和探索。当代阿拉伯诗人不仅要从阿拉伯文化和诗歌遗产中寻找源泉，更要从整个人类文明中寻找源泉。

第四，诗歌伦理方面。阿拉伯诗歌批评史上从没有把诗歌视作伦理和灵悟，相反，诗歌被视作感觉和工艺。因此古代诗人很少会关注诗歌内容，他们更关注的是诗歌的形式结构。阿拉伯批评家们没有审视，或者说，不在乎诗歌中注入的和将要注入的新元素，更不会关注这些新元素在阿拉伯文化和精神生活中的重要性。他们只满足于在诗歌中寻找快乐和享受，以至诗人们除了因袭古人留下来的诗歌种类外，别无建树。我们找不到一丝与之有关的深刻分析，只剩阿拉伯诗人赖以生存的封闭的文化现实，他们从中汲取养料，总以这样或那样的理由画地为牢，无法突破，亦无法自拔。

作为灵悟和伦理的诗歌自然不能接受和局限于终极封闭的世界，它必然要突破并超越它，诗歌就是永无止境的探索。

所以，诗歌只有在完全自由的氛围中才能绽放和繁荣，价值观源自人类本身，并非来自神灵和自然，就像伊本·阿拉比说的那样，人可以成为“拥有真理的完人”。

综上所述，阿拉伯新诗诗人不仅要超越传统诗歌的形式和内容，还要超越诗歌本身的传统理念。从创新角度来看，诗歌不再仅仅是感觉或工艺，而是一种伦理，在面向未来的世界中，诗歌是人类自身存在的证明。正如伊本·阿拉比说的那样，它要“突破常规”，要改变万物的秩序和关系：改变对世界的看法。诗人不可能服从于强加给他的规则，他只遵从自己的天赋和潜能，他才是法则或诗歌规律的真正创新者。

这种反常规可以改变世界。如果诗人不从内部改变自己并进行新的尝试，那么他是写不出新诗的，因此诗人内部的改变越来越重要，它关系到诗人与世界关系的改变以及这个世界自身的改变。但可悲的是，当代阿拉伯诗人常常发现自己被囚禁在充满庸俗价值观的日常生活中，被围困在掩盖了真实生活的层层表象中。也许有的诗人因某种原因，已经习惯了这样的表象，并把它当作唯一可能的世界。他以玩世不恭的态度，压抑住内心喷涌的激情，甘于生活在破碎、沉默的氛围中，激情渐渐褪去，进而泯灭了自己最独特的人道精神。

所以，阿拉伯新诗的抱负在于成为永不熄灭的火焰和永葆青春的生命，成为一股创新的力量，以它的卓见揭示、照明、丰富我们生活和命运中的蒙眬。新诗是我们创新并持续创新的行动力。

以传统眼光来看，阿拉伯诗歌的任务是观察世界、回忆世界、描述世界，但以新眼光来看，诗歌的任务是重新审视这个世界的本源，改变、创造、探索和更新这个世界。今天的阿拉伯诗歌是探索和认知的历险，是关于人类存在的全面认识。

5

当代阿拉伯诗人的追求并非像有些人以为的那样，睥睨过去，割断与遗产的联系；他们的追求其实是对文明现状的回应。

显而易见，当代阿拉伯诗人不会凭空作诗，他回望过去，放眼未来，与传统遗产有着千丝万缕的联系，甚至已然身在其中。但这种联系并不意味着模仿传统风格和范式，也不是与它们并肩同行，更不是因循守旧，滞留在过去文化、艺术和精神的氛围中，不能自拔。我们不能把传统遗产习惯性地看作是纸上之物，讲述某个主题，宣泄遭受的感情挫折；我们应该把它看作是求知的动力、创造的活力，以及心灵和精神的回忆。

从这个层面看，我们与传统遗产的联系有两方面的含义。

第一，为了创作出真正的新诗，阿拉伯当代诗歌就一定要把握住时代文明的脉搏，并发轫于此；它不能倒行逆施，也不能屈服于任何形式的因袭。此种与传统遗产的关联就是创新的、丰富的、超越的。

第二，如果我们不能以过去的标准评判诗歌，就意味着我们“与传统遗产的联系”存在另一种可能，那就是二者存在一种既平行又对立的关系。即使诗人与传统思想不协调，甚至相互矛盾，但他已然浸染于他所属的传统遗产中。其实，鲜活的遗产并非单色线条，也不是重复之声，相反，它是各色各样、互相矛盾的力量的组合，充斥着生活的多样性和矛盾性。

举个例子，从文化和历史层面说，我们离艾布·努瓦斯既远又近，我们要保持自己独特的存在感和经验；既要意识到与他的联系，又要意识到与他的距离。诗歌的影响本身就独立于其发生之初而存在。这种独立性对当下而言很有必要，而对过去而言，更是需要。

所以，反对传统并不是口头上说说那么简单，它是创新的行动，因为它早已深入阿拉伯文化的各个领域并直面现代诗歌运动本身。诚然，这一创新举动会产生困惑和混乱，引起质疑和矛盾，但同时它昭示着生命力和澄明度，证明变革时代的来临，证明新的阿拉伯诗歌理念的诞生。当前的诗歌面临着危机，随着这一转变中思想和经验的逐步深入，危机也会日益扩展，变得尖锐。

只有当诗人的内心遭受原有诗歌价值观的崩塌时，他才能够建立起一个新的诗歌理念；只有当诗人置之死地而后生，摆脱因袭的桎梏，感受到内心世界回荡着对新生活的呐喊时，他才可能去创新生活和思想。因此，诗人若不跌入混乱、裂变、否定的深渊，就不可能进入另一个隐匿于我们反叛世界之外的世界。

传统诗歌文化的时代已经过去了，再怎么紧抓不放或鼓吹它都是无益的，我们现在要做的是超越它并迈入另一个新时代。此种超越必然是一种爆发和突变，只有这样才能撼动冷漠的生活和僵化的传统。

这要求诗人不仅要在诗歌形式上，也要在诗歌经验和意旨上独辟蹊径，同样，他也必须尽己所能推动诗歌的转变，去克服摆在面前的种种困难和障碍，让自己的想象力和感受力驰骋于所有既定的疆域之外。

当然，我们生活的世界不可以也不应该是诗人们的终点和框架，它只是创造更鲜活、更丰富的世界的手段。如果“现实”世界——这个共同感知的世界——是世界的全部，那它该有多狭窄、多庸俗啊。这个“现实”世界只是我们通向另一个世界的大门，那个世界要靠诗歌来打开，靠诗歌来引领。

四、诗人时代[①]

1

巴德尔·沙基尔·赛亚卜的诗歌是濒于坍塌的旧形式与方兴未艾的新形式之间的一次交锋。他诗中的这种交锋作为其生命与诗歌所共有的意象，伴随着一名东方贤哲的呐喊声，呈现在《诗歌与凤凰》之中：只有经过旧习俗的洗礼，诗才能成为诗，诗人才能成为诗人。在这首诗中，他从灰烬中浴火重生。至此，全部的过往经过过滤后化作滴流再现于此时此刻，革新在即，诗歌便被孕育而生。

赛亚卜的生活亦是一首诗，亦是濒于坍塌的旧形式与方兴未艾的新形式之间的一次交锋。如同诗歌，他的生活也是一种形式。寻找形式上的突破，意味着旧形式的轰然倒塌，但这种形式并不是照本宣科式的复制或者描述，而是一个囊括了内外空间的广阔疆域，在其内部，昭示着多维度的意旨。

① 该篇文章是阿多尼斯为巴德尔·沙基尔·赛亚卜诗歌选集作的序，引自《赛亚卜诗歌选》. 贝鲁特：文学出版社，1967.

2

诗人与大众的关系会导致两种彼此关联的现象：一是诗人忽视了个性的展示；二是诗歌变得停滞不前。在群体中，诗人埋没自己的独特性，趋于大众化。大众意识是稳定而清晰的思想、法则和习俗，它要求表达形式必须是稳定的。

近古时期，由于我们的诗人创作力枯竭，探索精神泯灭，他们只能诉诸效仿旧式的规则，但只是一种流于表面的肤浅的效仿，甚至还幻想着阿拉伯诗歌形式是一个可容纳前行的历史之容器，祈求诗人来填充它，或被某种物质填满。从此，空洞之风盛行，甚至连时间本身也停滞不前了。

3

巴德尔·沙基尔·赛亚卜是见证我们在场的先驱之一，他见证了诗歌新内容、新表达的诞生。他反对将表达与生活、形式与内容割裂开来，强调形式并不是内容的容器，也不是炫目的外衣，更不是范本或法则，形式本身就是生活，是随着世界的运动变化而运动变化着的生活。因此，形式的世界就是变化的世界。

但是赛亚卜关于诗歌形式的实验并未能独立自成一体，一股反动的力量总会把他从前行中拉回来。他的许多诗篇夹杂着陈规陋习，因此，赛亚卜并不能做到始终创新，他站在旧世界的边缘，与旧形式缠斗，难以超越。

在这里，我并不要求必须彻底摆脱过去，但这也是不无可能的，它意味着甩掉历史。我们只有在连接着畴昔与方今的时刻中才能创造未来，如果方今背离了畴昔，那么它只有一个目标：迈向未来。所以，我的意思是，赛亚卜诗中的过去与其说是内部时间，毋宁说是外部时间。

从另一方面来说，这并不意味着赛亚卜的诗歌没有创新。他是阿拉伯新诗的先驱，这种新是深刻的、纯粹的，并非徒有其表，在这种深刻与纯粹中，赛亚卜的诗摒弃了表象——这是付出巨大努力后的跳跃，旧形式如同在沉睡中被连根拔起。

我的意思是，赛亚卜的诗并没有高于生活，也没有超越生活的局限，所以他的诗不是重生。

尽管如此，赛亚卜的实验仍然是具有先锋性的。由此开始，并伴随其一道，阿拉伯新诗在一种新的表达形式中应运而生。这种表达形式放在今天仍具有力量和主导性，具有持久的生命力，他的形式创新仍然是一种突变：每一个词语都不为传统词典所有，词语变了，词与词之间的搭配以及关系变了，语义变了，甚至词语赖以生存的框架与组合也变了：就好像阿拉伯语变成了一种新的语言。

这就导致了诗人与大众的分裂，也造成了在同一时代中出现了两个彼此靠近却又对峙而立的时代：诗人时代与大众时代。

大众时代是外部的、历史的，而诗人时代则是内外共生的，超越历史的历史时间。任何行为都是有时间性的，一首诗也有它的时间，但它所容纳之物远不止时间。诗人的精神时刻与他在线性历史中的时刻并不一定重合，两种时间甚至可能背道而驰。因此，一首诗与现实行为或许并不同步，甚至可能超越行为本身，成为行为的灯塔。

诗人驻足于时间的一角，并非必须与他所处时代的历史同步。

诗人或许能与他的时代步调一致，或许他会从畴昔中选取范本，抑或他也会设想出一个超越今昔的未来，又或者他会突变，站在这种形式的对立面，跳脱出来，寻找另一个世界。

由此可见，诗人对于诗歌的审美与理解并不一定与大众的理解一拍即合。每一首新诗都会产生新的审美与理解，产生新的理解与审美方式。因而，每一首新诗都是一个惊喜。的确如此。

4

这种惊喜在赛亚卜的诗歌中显而易见。他的诗歌充满了与他者交流的渴望，充满了致变的激情、执着和抗争。他想要在人类与生活的层面，实现他的新意识。他想在自己的征程中重现被传统旧习所搁浅的时间，让它在自己的新节律航道中前行。

然而，他周围的大众依然深深迷恋过去：那个停滞不前的时代。他们依靠传统和传统思想而活着。而他，尽管时不时地被拽回到过去，却执着地要求活在当下。于他而言，“当下”即制高点，从中能看到过去与未来。由此，他意识到“当下”就是一种至高的、独特的意识，换言之，他意识到了自己和世界。而意识到这一点就意味着走向孤独，在这种孤独中，他与大众之间的精神差距被拉大。或许这一点可以解释为什么先驱者总是孤独者。

但是，即使深陷孤独，赛亚卜也依然与反抗者携手并肩。他孑然一身，身心被撕裂，但仍然坚持着，为他者愤怒，为他者抗争。即使在无力愤怒、无力抗争之时，也没有被孤独打败，他依然保持着与他者的交流，走向他者，用对他们的爱织成“毯子”。即便他确已无能为力时，也绝不会脱离他人，连死亡本身也无法将他与他者隔开，甚至死亡本身也成了他用以斗争的新武器，成为走向他者的道路。

5

无论是在生命抑或是诗歌层面，赛亚卜的实验都是节节败退的旧世界与另一个不断向前、来自未来的新世界的交锋，这种实验在交锋中得以完成，并以破碎与生长共存的方式表达自身。这一点体现在《辛巴达之城》《蜃景之城》《失落的驼队》《乌姆·布鲁姆》《无雨之城》[1]等诗歌中，同时它是雨、是河、是复活。一时间，这座城市的广场和街巷都布满了坑洼和枯骨，花园里栽种着人们的头颅，城墙被打得片瓦不留，我们听到了“雨滴与和风的私语”，讲述着这座城市，讲述着“巴比伦的罪孽将被洗掉”。

这雨滴是咒语，赛亚卜在生命和诗歌中吟诵着它，以对抗贫穷、饥饿、奴性和压迫，它成为变化之链中的一环，终端的死亡便是新的开始，是新时代与新生活的起点。

赛亚卜以诗的方式邀请我们，与他一同从多重维度来承受这座城市的苦难：从社会日常维度，如诗歌《村落的婚礼》；从资产阶级生活维度，如诗歌《八月之歌》；从民族主义政治维度，如诗歌《失落的驼队》；从革命政治维度，如诗歌《来自墓地的信件》。他还迫切地让我们看到，干旱如何覆盖所有风景，城市如何变成一座坟墓，变成“泥火山，吞噬着诗人的心脏……”

如此，他与这座城市之间竖起了一堵“高墙”，这就是绝望，是困于内部的孤绝。在这样一个被高墙重重围困的坟墓中，生

---

① 这五首诗均是诗歌的名称，其中《辛巴达之城》《失落的驼队》《无雨之城》出自诗集《雨之歌》；《蜃景之城》和《乌姆·布鲁姆》出自诗集《淹没的神庙》。

存已不可能。在诗歌《海湾的局外人》中，他描述了放弃此地、流亡海外的孤独感；在诗歌《蜃景之城》中，他赋予这种孤独以个体亲密感，爱，化成了“蜃景之城”，甚至当他拥抱这个城市爱人时，“她那岩石般的躯体在他的爱火里熔化”，而“雪之大漠”一直横亘在他和爱人之间。

尽管如此，孤独也没能打败他。如果他不能成为他者，那么他同时也就不能成为自己。所以他的悲剧不在于他拒绝他者或受尽折磨，而在于他无法与这个他者一刀两断。所以，他既无法得到救赎，同样也无法逃离。这就使得他更加渴望与他者打开心扉交流，但是这一次他没有直接走向他者，而是走向了宇宙，在与宇宙融为一体的同时，也与人类融为一体。

6

绝望与希望、痛苦与喜悦、弱小与强大的二元对立构筑了赛亚卜诗歌里悲怆的自我。这种对立就是赛亚卜生命的见证。因为，他或直接或迂回地不断叩问：生命是否值得人类为之如此辛劳。他的叩问包含着他既想享受生命又想摆脱生命桎梏的矛盾性。那如何消除这种矛盾呢？——也就是说，痛苦可以抹去吗？或许对一些人是可以的，这些人只在意世界的表象，他们粉饰世界、装扮世界，用人造的外表、华丽的荣耀包装这个世界。但是赛亚卜却不能，他看见自己走上了另一条道路：他跨越外部的光鲜，以便熔化于内心深处，熔化于人之本质，熔化于幽冥，熔化于那联结着生与死、废墟与复活的悬桥，熔化于永恒的运动。这便能解释为什么他的诗歌由神话的经纬织成，尤其是那些与死亡和重生意象相关的部分。

在赛亚卜的实验中，人之楷模并不是那种在表象世界里实现自我的人，而是与世界有着同样深度和内涵的人，如此，别人便能在这两个维度的启示下，建立起世界的表象和人类的生活。他是“种子人”，是“未来人”，从本质上来说，他是痛苦的，甚至说，他的人生是场悲剧。

实践（尤其是革命实践）将这个“种子人”推向生命的成长和收获。实践就是向土地纵深推进的过程，只为破土而出成为大地的一种形态。它是思想的具象化呈现。赛亚卜在他的诗中为我们描绘了这种彻底失败的呈现，同样他也描绘了这种不可能性的呈现。而这一次让这种悲剧色彩增强的是：撕咬诗人心脏的兀鹰成了悲戚之鹰，而非反叛之鹰。同样，这一次，他滚动的岩石也非神性之石，而是人性之石。因一切事与愿违而颤抖的生命如何才能不断前行？让诗人说出他最后的祷告吧，祷告声中，“与和风私语的雨滴”化成了一首“雨之歌”，化成了一场圣洁的洗礼，化成了一股洪流。看，山脉迸发出蓄势已久的惊雷闪电，看，疾风横扫废墟的遗迹：它是孕育的迹象，是新生命的迹象。

然而这种迹象正是为新生之前的死亡加冕，那么，务必“降至最深处”，进入“种子”的世界：死亡是必需的。死亡是存在的必需品：诗人的生命达到他再也无法超越的边界。生命结束了，在死亡中，它得以重生，从终结走向了无穷。

7

在诗歌《河流与死亡》中，赛亚卜描述了他对死亡的渴望，他渴望如同河流一般与大地紧紧相依，似乎想要确证那个他在世俗中无法确证的真理，为真理而死更深刻地体现了真理的意义：主观与客观相遇，想象之物显露，可能之物具现。而人类如同水流：自我孕育，奔流不息，在宇宙的肌理中构成世界。死去的生命转化为活着的死亡，那里只有水流，只有不断的生成，生生不息。

河流中的死亡是一种超越了死亡的生命：挣脱、起始、复归；是宇宙中自我内部与外部的双重旅程，也是和宇宙之水连成一体的乡愁。

水即母性，水中死去便是回归母性。

在诗歌《河流与死亡》中，诗人渴望死亡，而在诗歌《殉难后的耶稣》中，死亡反转为因牺牲而象征性地复活。虽死犹生的人远比苟活着的人更鲜活，所以死亡阻挡不了生命，阻挡生命的只有生命本身。死亡在这里就是“城市的阵痛”，它是开启更美好、更高尚生活的巅峰，冲破了囚禁诗人的牢狱之门，打开了革新之门。死亡就是他的生命：焚毁“泥泞的黑暗”，使诗人蜕变为“世世代代之人”“未来之人”和“种子之人”。

8

的确，我们看到了赛亚卜对死亡的渴望，它不仅发自于爱、愤怒和激昂的青春，也发自于妥协和精神的衰老，尤其在其晚期的大部分作品中，更是体现出这一点。早期作品中，他勇敢地追求死亡，而在晚期，则等待死亡的降临，对死亡的邀请夹杂着某种绝望，屈从于我们称之为坟墓的亘古不变的习俗。从等待死亡那刻起，他的诗歌开始囿限于自己的日子，渐渐失去了生命的活力和内涵。早期的作品让我们能感受到他向生命的进攻，以不可阻挡的大河之势冲破生命的羁绊，充满了痛苦和喜悦的悖论；而晚期作品，则让我们感受到死亡笼罩着他的血液与脉搏，蓬勃的生机已垂垂老去，猛士只能拱手而降。他的诗歌亦是如此：曾经是一张网，进而变成了一条线。诗歌中的时间不再有纵深感和高远感，反而变得平淡无奇；时间不再是迸发的，而是像普通人的时间一般延展开去。他的诗歌已无法让时间在其节律中停留，或放慢，或成为时间的俘虏；而时间逃逸出诗歌，行走在诗歌之上，使其荡涤无存。

9

他筋疲力尽，等待着死亡：怎会不这样呢？人类本身就是一条流动的河，永不停歇。然而，他的泪水悄然流淌在睫毛下、两颊间，宛如每天流逝的水。人类疲惫不堪地追求着安宁，但安宁只存在于大地深处。

吉库尔[①]是最后的栖息地。

吉库尔——故乡：梦的栖息地、做梦者的堡垒、流浪者的聚集地，她是保障、是守护、是永恒的幸福。

吉库尔是初始的世界：人之初的摇篮就是家，家守护着他、拥抱着他。吉库尔是初生：摇篮的天堂，在天堂中，童真永存。吉库尔是永远拥抱他的母亲。

在赛亚卜的诗歌中，吉库尔被拟人化了，被赋予精神和行动的能量，向我们展示了一颗永不言败的革命种子，一个证明诗人永远在场的英雄壮举。她是存在的力量，是确保存在生生不息的力量，是劳作的象征，如同天空、雨水和青草。

---

① 伊拉克南部的一个村庄，赛亚卜的出生地。

10

摇篮是迷雾中的初醒；坟墓是清醒的终结。对摇篮的渴求就是对坟墓冥冥中的向往；对初始生命的期盼就是渴望抵达与死亡相连的边界，渴望死亡。摇篮即门槛：跨过它，我们进入生命，我们迈向死亡。在这个门槛上，父性与母性相互交织：父性是一支离弦的箭，是一场誓死战斗、实现自我的旅程；母性则是庇护所和避风港，是安逸之地，是提供温暖和养料的身体家园，是梦想的发酵剂。当诗人离开家乡吉库尔时，他迷恋的是父性的行动力，它让他感受到要敢为人先，要与无穷连接；而当诗人回归吉库尔时，他却深深爱上了母性的宁静，吉库尔的宁静孕育了他，同样也孕育了他对无穷的感受力。行动是喧嚣的，让大地化作铿锵之声，回音激荡；宁静则净化诗人，使其更加纯澈、更加开阔、更加深邃。回到吉库尔的怀抱——大地母亲的怀抱。如果可以，这并不意味着死亡，而是经由死亡，化作一次冲破旧习，创造另一个世界、另一个疆域、另一种制度的行为。赛亚卜愿消融于母性怀抱的归乡之情，是将二元对立最终化解的渴望：自我与他人、精神与世界、天空与大地、未知与已知、永恒与时间。因为人只有消融于母亲的怀抱才得以永存于宇宙。

（贝鲁特，1967 年 1 月）